ESSAI

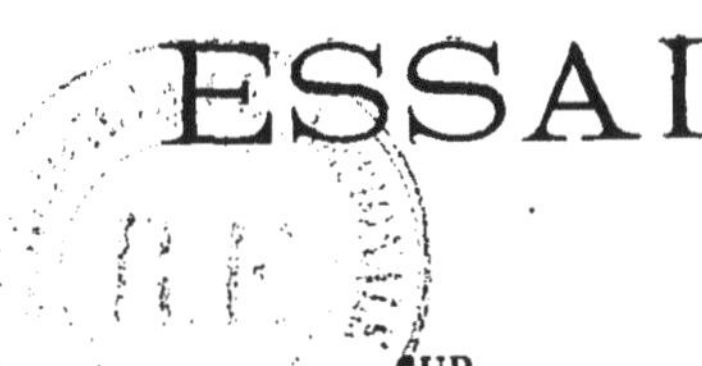

SUR

SAVIGNY & VONCOURT

A mes anciens Élèves,

A mes chers Compatriotes,

Je n'ai jamais oublié une promesse faite à mes anciens élèves de Savigny et Voncourt, celle d'écrire pour eux ce qui pourrait intéresser notre rayon territorial, en prenant nos deux villages comme centre. Je m'étais illusionné sur la tâche, car les documents mis à ma disposition étaient insuffisants, et d'autre part les exigences d'une vie active ne me laissaient guère de loisirs.

Pendant plus de vingt-cinq ans, je n'ai jamais omis de recueillir tous les renseignements possibles ; j'ai à plusieurs fois compulsé les archives communales et paroissiales qui remontent à 1619 ; certains habitants ont été assez obligeants pour me communiquer des titres de famille qui m'ont bien servi ; qu'ils trouvent ici l'expression de ma reconnaissance. J'ai été assez heureux pour cueillir, par-ci par-là, bien des pièces justificatives, affirmant des faits un peu oubliés et qui, par des enchaînements, peuvent conduire à des solutions historiques.

Permettez-moi, bien chers amis, de venir vous faire hommage de mon travail. Ce n'est qu'un essai ; aussi je sollicite des collaborateurs pour le compléter et le corriger au besoin, si j'ai pu commettre des erreurs, quoique j'aie eu grand soin de ne consigner que des faits précis, en omettant bien d'autres fort intéressants, mais douteux. Je l'ai écrit pour vous seuls, dans le style simple que nous parlons tous, négligeant peut-être trop les savantes figures littéraires.

Je crois utile de vous avertir que mon travail se divise en deux parties : la première exclusivement historique, la seconde qui concerne surtout Savigny dans sa vie propre, son administration, ses habitants, ses familles, etc., etc. Craignant de disparaitre sans avoir résumé de laborieuses recherches, j'ai d'abord traité cette seconde partie ; aussi je suis le premier à le constater, vous aurez à subir quelques répétitions regrettables. Par une revue d'ensemble j'en aurais pu éviter, seulement je crains que mes forces ne trahissent ma volonté.

Que nul ne juge ma prétention d'écrire ; je ne fais qu'accomplir une promesse depuis longtemps réclamée, continuer ma leçon d'histoire du lundi et essayer de conserver à notre sol natal ceux que d'éphémères illusions pourraient entraîner à la dérive.

A votre vieux maître, chers amis, conservez votre précieuse affection, et conservons aussi notre vieille maxime qui comporte tous les droits et tous les devoirs :

DIEU ET PATRIE !
VIVE LA FRANCE !

AUBERT.

ESSAI SUR SAVIGNY ET VONCOURT

PREMIÈRE PARTIE

CHAPITRE PREMIER

Savigny, son antiquité probable

SAVIGNY (Haute-Marne) faisait autrefois partie du bailliage de Fouvent et du doyenné de Pierrefaite.

Situé sur la ramification d'un haut plateau, que traverse au nord la grande route de Paris à Bâle, il suit la crête d'un versant qui au sud s'éteint de toutes parts pour aboutir à une riche fontaine communale. Ce village ne laisse pas d'être un séjour agréable et original, avec ses horizons variés, ses attraits publics et privés et ses conditions hygiéniques parfaites : mais, comme toutes les localités d'alentour, il ne jouit pas encore de ces voies ferrées qui accaparent la commodité, l'aisance et le mouvement.

Pays essentiellement agricole, son territoire est fertile et entièrement cultivé, sauf des pâtures assez étendues et de création récente, conséquence des exigences du jour. L'industrie de l'oseraie, une spécialité du canton de Fayl-Billot, y compte un certain nombre de propriétaires et d'ouvriers.

Aucun cours d'eau important n'arrose cette commune, sinon le Vanon qui lui sert un instant de limite avec le territoire de Genevrières. Seulement de nombreuses sources concourent à former des ruisseaux, tous affluents du Vanon et de la Rigotte — cours d'eau coulant de Bourguignon sur Farincourt; — après des disparitions subites et intéressantes, ces petites rivières convergent pour se réunir à Fouvent, et de là, s'enrichissant toujours, se déversent dans la Saône.

***

Savigny, du mot latin *Savigneyum* ou *Savigneium*, étymologiquement, suivant quelques auteurs, *salvus igne*, c'est-àdire sauvé du feu, par comparaison avec Pressigny, *pressus igne*, pressé par le feu : cette opinion a-t-elle quelque raison d'être ? Nous l'ignorons : en tous cas elle laisserait pressentir le sort de Savigny et de Pressigny dans les temps anciens.

M. l'abbé P. Chantôme, un de nos savants compatriotes, retrouvait, dans le nom de Savigny, l'idée de fanal (signal de feu) : notre village, par sa situation, prête à cette interprétation, car on sait que du camp romain de Bourguignon, on pouvait communiquer directement avec Langres, en se servant de collines détachées, par des signaux de feux conventionnels.

Mais la science etymologique prêtant plus que toute autre à l'hypothèse, laissons de côté cette question difficile et contentons-nous de notre modeste rôle : remarquons toutefois que les expressions latines ci-dessus nous reporteraient au temps de la domination romaine.

L'origine de Savigny peut donc être fort ancienne, ce qui n'implique nullement du reste que notre village ait jamais été d'une importance plus grande qu'aujourd'hui.

Sa proximité du camp romain de Bourguignon explique les vestiges de voies romaines relevées sur le territoire, notamment aux lieux dits les Pellerots, l'Ecruot, l'Allouette, etc.

Deux Marchais assez connus nous reportent aussi bien en arrière dans la suite des âges :

Celui des Salés, du côté de Genevrières, dont il ne reste plus que quelques vestiges, subsiste quand même... On y aurait trouvé, parait-il, des pièces de monnaie romaine datant du premier triumvirat ; mais c'est là un fait qui aurait besoin d'être mieux établi.

Et le Marchais de la Revenue qui disparait peu à peu de jour en jour, nous l'avons vu plus vaste et plus défini. Certainement il n'est pas une conséquence naturelle du sol, la main de l'homme y a travaillé. Mais qui et quand ?...

On a toujours raison à tout ; aussi, ici comme ailleurs, attribue-t-on la création de ces Marchais à des retranchements militaires, datant des Suédois ou autres ; c'est une solution bien hasardée.

Si on reportait tout à la guerre de trente ans, une des plus rapprochées (1618-1648), ou mieux à la période française (1635-1648), celle qui nous intéresse le plus directement, à cette lugubre époque dite de Gallass, dont le souvenir est resté vivace, on oublierait alors ces luttes exterminatrices d'antan, ces vrais cataclysmes humains !

Il est évident que les Suédois (mercenaires pour la France) et les Croates (mercenaires pour la Franche-Comté), n'avaient guère souci de se créer des redoutes, alors que partout restaient des chateaux-forts, abattus sur les ordres de Richelieu, repaires assurés, bien plus sérieux que les Marchais; à l'approche de ces bandes de mercenaires, la plupart des paysans que rien ne retenait trop, avaient souvent quitté leurs logis et s'étaient enfuis.

Dateraient-ils, ces Marchais, de l'occupation romaine ? Ce serait plus probable, mais tout aussi incertain, car les valeureuses légions de César marchaient à pas de géant, se servant habilement des moyens de défense déjà établis par les Gaulois.

Peut-être, au moment des grandes invasions barbares ou d'autres, les rares survivants de nos pays s'ingénièrent-ils à cacher dans ces réduits humides leur vie et leur misère ; mais ce n'est là encore qu'une supposition plus ou moins plausible.

***

En mai 1885, M. Aubert, instituteur, découvrit dans son champ du Bois d'Amour, une tête de statue de femme, sculptée dans le grès du pays : la joue droite était sensiblement plus grosse que l'autre. Elle était coiffée d'une abondante chevelure relevée à la manière des bacchantes ; certaines nuances particulières laisseraient supposer qu'elle aurait passé par le feu.

Beaucoup, sans doute, se rappelleront l'avoir vue, exposée pendant plusieurs années sur la fenêtre du grenier de la maison commune.

Demandée avec instance par M. l'abbé Briffaut, l'auteur de l'histoire de Fayl-Billot, elle lui fut enfin accordée, et dans son ouvrage elle est photographiée comme témoignage de son antiquité. On lui attribua alors le titre de Cybèle, déesse de la terre et fille du ciel, épouse de Saturne, mère de Jupiter, Junon, Neptune, etc.

Mais revenons au Bois d'Amour distant de quelques pas seulement du Bas de l'Avaux.

C'était en ce darnier lieu, près de la fontaine, que, selon une tradition locale, se tenait le sabbat des sorciers de Pressigny.

Ah ! le sabbat ! voilà une locution vieillie dont on ne parle plus guère que pour en rire ; et cependant nos ancêtres y croyaient.

C'est qu'en effet les réunions clandestines ne sont-elles pas de tous les âges et de toutes les contrées ? Si les druides se retiraient, pour leurs graves délibérations, dans les fourrés les plus solitaires des forêts, les apaches d'aujourd'hui ne complotent guère ostensiblement leurs forfaits sur la place de la Concorde. Telle société secrète discute-t-elle ses projets en public? Toutes précautions sont prises et habilement combinées, et des vedettes éprouvées lui assurent sécurité... N'est-il pas permis de supposer qu'il en était de même pour le sabbat, car si un profane, se trouvant à proximité, semblait s'étonner, tout retombait dans le silence et l'obscurité.

***

Savigny, de tout temps situé à l'extrême frontière d'un Etat, a eu certainement ses jours de terreur et de deuil dont le souvenir s'est effacé dans la nuit des siècles ; aussi, un ancien parlant de notre contrée disait : en ces lieux, on ne peut toucher le sol du doigt sans le tâcher d'une goutte de sang.

Notre petit pays dut être fatalement englobé dans les Marches (1) guerrières, sortes de bandes territoriales riveraines de deux Etats, d'une largeur variable, soi-disant considérées comme neutres, mais exposées plus que toute autre à de hardis coups de main.

(1) Marches. — Nom qui dans le moyen âge, servit à distinguer les frontières d'un Etat. Les Marches étaient gouvernées par des commandants militaires nommés en Allemagne *Margraves* (de Marck, marche et de Graff, comte). En France *Marquis*, en latin Marchio. — Le Margrave dépendait immédiatement du souverain et non du duc sur le territoire duquel se trouvait le margraviat.

CHAPITRE II

Découvertes sur le territoire : cercueils en pierre, un champ de bataille; cure et non vicariat; terre de franc alleu

En maints endroits de notre finage, on a découvert des sépultures éparses. En creusant la fondation de la porte cochère du jardin de M. Bacquet, on mit à jour une tête humaine, datant d'une époque très ancienne; dans le jardin de la maison de ferme de M. Bezanson était inhumé un guerrier armé de toutes pièces; sa cuirasse a été convertie en une porte de fourneau, mais reste sa pertuisane admirablement conservée.

Plusieurs cercueils en pierre blanche ont été retrouvés dans l'ancienne église, dans le cimetière actuel et aussi dans la cour du presbytère. La cure d'aujourd'hui fut probablement construite sur une partie du cimetière désaffecté à cet effet. Quand on établit le calorifère de l'Eglise, on eût précisément à creuser dans l'emplacement de la sépulture des seigneurs du lieu. On n'y découvrit ni cercueils en pierre, ni bijoux ou restes précieux; les ossements recueillis furent, avec les autres déblais, transportés en haut de la Grande Vigne de M. Bezanson. Il fallut épierrer ensuite, et certaines ouvrières employées à cette besogne eurent plus d'une nausée et plus encore de cauchemars, à tel point qu'elles voulaient quitter ce travail. C'est bien le cas de rappeler ces vers :

Du berger et du roi,
Les cendres sont les mêmes.

Un antique souvenir restait : on soupçonnait un cimetière que l'on disait du Prieuré de Savigny, Prieuré, qui probablement n'a jamais existé que dans l'imagination et dont on ne retrouve nulle preuve. Cependant des sépultures découvertes depuis, à l'endroit indiqué, expliqueraient assez cette supposition.

En 1875-76-77 (je l'affirme pour en avoir été témoin), quand M. Ch. Bezanson fit construire ses pavillons et ses communs, de grands travaux de terrassement transformèrent presque complètement le niveau du sol ancien de son parc. Il arriva alors que les terrassiers furent conduits à relever trois fossés, sinon plus, remplis de cadavre humains. C'étaient des guerriers, ensevelis là avec leurs armes offensives, sans aucune défensive. A l'examen des ossements on pouvait estimer que là gisait une fleur de jeunesse, car les mâchoires n'étaient nullement édentées. Beaucoup de ces débris humains ont été recueillis et ensevelis au cimetière actuel, mais la plupart ont été, avec des déblais de toutes sortes, conduits à la Butte, monticule artistique, dont l'unique motif fut de se débarrasser de matériaux encombrants.

Dans quelques siècles, probablement, des savants voudront, dans cette Butte, découvrir un tumulus antique et ils seront servis à souhait; le résultat complètera leur illusion. Ils y trouveront de tout : bois calcinés ou rompus, vieilles cheminées, pierres de taille avec agréments de tous âges, débris de brouettes, tronçons divers, etc., etc... Ils remettront le sol à niveau, la nature reprendra ses droits, et il s'en retourneront ravis de leur utopie.

Mais revenons au champ de bataille situé parallèlement au mur ouest du pavillon Saint-Hubert, à quelques mètres seulement de distance. Un des fossés mortuaires n'aurait pas été entièrement relevé pour ne pas ébranler le superbe massif d'acacias, situé précisément en face de l'entrée d'honneur du pavillon Saint-Hubert.

Rappelons aussi qu'un guerrier, un chef sans doute, fut retrouvé isolé, à quelques mètres, au lieu et place d'un des deux perrons qui desservent les offices du pavillon susdit. Là, abandonné seul, sa tête reposant sur une simple pierre, il dormait du sommeil suprême, ayant encore un anneau à son doigt ; cet anneau, en or pur, était sans chaton, sachet ou autre ornement.

A quelle époque eut lieu ce combat ? Il est impossible de le préciser, mais à l'examen des armes recueillies, malheureusement éparpillées un peu partout, il daterait au moins de la guerre de cent ans, s'il n'est antérieur.

Une autre tradition rappellerait aussi une bataille qui se serait livrée en Presle, mais rien de positif à cet égard.

A l'appui de l'ancienneté de Savigny, citons encore que dès 1228, H... dit doyen de Savigny, devait être sous ce titre curé du lieu et doyen rural de Pierrefaites. — *Voir l'histoire du Diocèse de Langres par l'abbé Roussel.*

Disons enfin que Savigny était une terre de franc-alleu (1), ce qui impliquerait également une origine des plus anciennes.

L'exposé qui précède ne repose que sur des traditions et des témoignages, car les rares chroniques anciennes, avec leur laconisme habituel, n'enregistraient guère le nom d'une localité que pour signaler un homme illustre ou un fait extraordinaire et marquant. D'où un silence parfois désespérant.

(1) Alleu. — Ce mot désignait dans les premiers temps du Moyen-Age, après l'établissement des Barbares, les terres, fruits de la conquête, que les vainqueurs s'étaient partagés par la voie du sort. On appelait franc-alleu, une terre exempte, affranchie de tous droits féodaux.

CHAPITRE III.

Moulin de Genrupt. — (Ecart de Savigny)

Jean de Bosredont, écuyer, seigneur de Savigny, possédait des droits sur Broncourt. Par une transaction du 13 octobre 1513, il y renonça, et François Franelz, commandeur de la Romagne, lui donna en retour la terre de Genrupt avec toutes ses dépendances.

En 1739-14 septembre, première mention dans les archives *communales* du moulin de Jen-Rup ou Jon-Rupt (en deux mots), relatant la naissance de Jean-Baptiste Bourgouin.

En 1740-18 octobre, décès d'Ursule Suisse, épouse de Linier, meunier au moulin de *Lestang*, dit le moulin de Genrut.

En 1741-14 juillet, mariage de Simon Linier, qui signe Ligney, meunier au moulin de *Lestang*, qui épouse Marie Peicheur, etc., etc.

Ce moulin est passé dans la suite à diverses familles : en dernier lieu, il a appartenu à la famille Guyon-Viard, et tous leurs enfants doivent y être nés.

Mais revenons à cette désignation de *Jen-Rup*, dont l'origine est ignorée, mais qui peut s'expliquer par sa situation sur un rupt (ruisseau) ; celle de *Lestane ou Lestang* lui aurait une certaine analogie. Notons que les Bosredont se sont longtemps qualifiés seigneurs de l'Etang (orthographe du jour) et four banal de Savigny.

Nul n'ignore dans le pays le Vanon, ce petit cours d'eau qui circule sur les territoires de Pressigny, Savigny, Genevrières, Gilley et Tornay; autrefois cette minuscule rivière alimentait les moulins dits : Lansquenet, Genrupt, Vergilley, Beau-Juan, sans compter d'autres peut-être disparus aujourd'hui.

Alors que le commerce n'avait pas encore révélé ses ressources et sa puissance, posséder un moulin était une fortune ; les chemins étaient presque impraticables, dira-t-on, mais il y avait le transport à dos d'homme, d'âne ou de cheval. Il fallait se suffire avec ses faibles moyens.

Il n'en reste pas moins vrai qu'une série d'étangs existait dans le vallon qu'arrose le Vanon ; des vestiges en restent comme témoins irrécusables. Et Savigny a un lieu dit Voie des Etangs (chemin des étangs) qui avoisine le chemin de Genrupt ou Lestang ; au reste ce dernier nom est encore conservé par un canton limitrophe de Genevrières, et ce que nous appelions le Pré fourré, qui fait aujourd'hui partie de la pâture de M. Bezanson, est toujours coté sous le nom de l'Etang ou nom similaire.

Il y a quelques années seulement, la commune de Savigny jouissait encore d'un cens sur le moulin de Genrupt ; c'était un revenu annuel de 52 fr. ; depuis ce cens a été racheté, et de ce fait la commune perd environ moitié de l'ancien revenu.

CHAPITRE IV

Les anciens Seigneurs de Savigny

I. — Les de BOSREDONT

Nous pénétrons dans une époque où les événements et les documents historiques vont se préciser davantage, nous laissant toutefois dans une obscurité toujours profonde en ce qui concerne spécialement Savigny.

Cependant nous serons heureux de pouvoir produire, sinon des titres, au moins des copies exactes et quelques indications qui pourront servir à des historiographes plus érudits pour découvrir les secrets du passé.

A eux l'honneur de mieux dire, à moi seulement de pouvoir être agréable à mes chers élèves.

***

Savigny n'a probablement jamais eu ni l'importance ni la situation voulue pour voir s'y constituer une génération séculaire de seigneurs, ou au moins une série quelque peu suivie.

Beaucoup s'imaginent volontiers qu'un titre de noblesse relève forcément d'un de ces brillants chevaliers, d'un de ces preux d'autrefois, dont l'histoire nous conte les exploits. Il importe de savoir qu'il existait bien des classes de noblesse, toutes plus jalouses les unes que les autres de leurs prérogatives et de leurs privilèges. Si certainement nous avons obéi à la Noblesse d'épée (guerriers), nous avons été soumis également à la Noblesse de robe (magistrats), et ces derniers sont peut-être les mieux connus, car leurs noms peuvent se retrouver plus facilement dans les archives.

La nomenclature des seigneurs de Savigny n'offrira peut-être à beaucoup qu'un bien terne intérêt, cependant nous devons en reproduire le peu que nous connaissons, d'après le livre de M. l'abbé Briffaut.

On trouve en 1394 un Etienne de Savigny, docteur en droit. — En 1415 un Jean de Savigny et un Huet de Savigny, qui intervinrent comme témoins dans un différend entre les seigneurs de Fays et de Bussières-les-Belmont.

En 1470, Jacquot de Savigny. — En 1513, Jean de Bosredont, écuyer, seigneur de Savigny. — En 1520, François de Savigny (probablement un Bosredont). — Vers 1550, Nicole de Savigny, dame de St-Remy, près Vesoul, favorite du roi Henri II, dont elle eut un fils qui fut la souche des Remy de Valois. — En 1570, Robert Noirot, qui fut plus tard maître des requêtes et conseiller d'Etat sous Henri IV. — En 1575, Claude de Chauvirey, seigneur de Savigny. — Vers 1600 enfin, les d'Orologe.

Jusqu'alors on ne savait guère autre chose des de Bosredont que ce fait : l'échange conclu en 1513, par Jean de Bosredont, qui cédait une terre sur Broncourt au gouverneur de la Romagne, contre la propriété du moulin de Genrupt.

En 1900, M. Ambroise Tardieu, historiographe de l'Auvergne, écrivait à M. l'abbé Aubry, curé de Savigny, lui donnant quelques renseignements sur les Bosredont, seigneurs de Savigny, et lui en offrant d'autres qui furent transmis peu après. — M. le curé a bien voulu me communiquer ces indications, et j'en extrais ce qui va suivre :

Jean de Bosredont, seigneur de l'Etang et du four banal de Savigny (four probablement situé sur le chaufour), vivant en 1494, était, d'après Tardieu, le même que Jean de Bosredont, baron d'Herment en 1486-1488, sénéchal d'Armagnac, capitaine de Montigny (Aube).

De ses deux frères, l'un, Guillaume, fut baron d'Herment, l'autre, Pierre de Bosredont, fut chevalier de Rhodes et Grand-Prieur de Champagne pour l'ordre de Saint-Jean de Jérusalem; il mourut à Mormand (1) ou Mormant en 1513.

Voici donc, en ce qui nous concerne, l'arbre généalogique des Bosredont :

Hugues de Bosredont, baron d'Herment (Puy-de-Dôme), — 1390-1454 — épousa Jeanne de Ghangy, d'une noble maison du Forez et en eut trois fils : Pierre, Guillaume et Jean.

1° Pierre de Bosredont, comme nous venons de le dire plus haut, devint chevalier de Rhodes et mourut en 1513,

---

(1) Mormand n'existe plus comme château et village ; ce n'est plus aujourd'hui qu'un écart de Leffonds, canton d'Arc-en-Barrois : Carnandet relate aussi dans son histoire l'ancienne importance de Mormand. — Dans une des dépendances de cette ferme, on y retrouve encore aujourd'hui quelques vestiges du superbe mausolée de Pierre de Bosredont.

grand prieur de Champagne, sans laisser de descendance; il fut inhumé dans la chapelle de Mormand ;

2° Guillaume de Bosredont, baron d'Herment, épousa Isabeau de Foix et mourut à Paris en 1497. Son tableau épitaphe sur parchemin existe au château de Noironte (Doubs), chez Mme la marquise de Lisa Chateaubrun. Ce tableau d'un mètre de haut est fort curieux, il représente le dit Guillaume à genoux avec sa femme et ses enfants. Son fils aîné, *Jean de Bosredont*, baron d'Herment, épousa Louise de Chaslus, dame du Puy Saint Galmier : d'eux descendent le marquis de Bosredont, à Bordeaux en 1900, et son cousin éloigné le comte de Bosredont, à Bourges.

3° Jean de Bosredont, seigneur de la Roche, chef de la souche qui posséda la terre de Savigny : il fut d'abord baron d'Herment, terre qu'il dût céder plus tard à son frère Guillaume. Sénéchal d'Armagnac, il résidait en Champagne en 1486 et mourut vers 1490; son fils Jean, deuxième du nom lui succède.

Ce Jean de Bosredont est le premier que nous trouvons qualifié seigneur de l'Etang et four banal de Savigny. Par acte du 13 décembre 1497, reçu par Viardot et Moingris, Jean de Bosredont rend foi et hommage pour Savigny, à Pierre d'Haraucourt, qui était alors seigneur de Chauvirey et Savigny en partie, et dont la tombe, beau monument du XVe siècle, est encore aujourd'hui dans l'église de Chauvirey.

Son fils aîné, Jean de Bosredont, troisième du nom, est seigneur de Savigny en 1513 et de Ruth; il épouse Jeanne de Marlet vers 1510.

Après lui, nous trouvons François de Bosredont, seigneur de Savigny, puis de Martinvelle, par son mariage en date du 18 juillet 1557, avec Louise de la Haye, fille d'Erard, seigneur de Martinvelle. Des deux filles issues de ce mariage, Catherine épousa Claude de la Paillotte et Elisabeth, Pierre de Chavange.

Leur frère aîné, Nicolas de Bosredont, seigneur de Savigny et Martinvelle, épousa le 1er septembre 1602, Dorcas de Loiset. Nous ne connaissons que deux enfants de ce mariage, Gabrielle, qui devint dame de la Ramée par son mariage avec Georges de Féchet, seigneur de la Ramée, et Georges de Bosredont, seigneur de Savigny, qui épousa vers 1630, Marguerite de Chavange. Leur fille, Anne de Bosredont, dame de Savigny, mariée le 24 décembre 1661, aurait porté ce titre à son mari, Claude-François de Cordemoy, chevalier, seigneur de Francalmont, Auricourt, Arpenans, Oppenans, etc.

Nous déclinons sans doute toute responsabilité au sujet de cet arbre généalogique, mais nous avons lieu de croire cependant que les savantes recherches de M. Ambroise Tardieu s'appuient sur des documents sûrs et authentiques ; il possède entre autres le sceau du premier Jean de Bosredont, sénéchal d'Armagnac, père du deuxième Jean de Bosredont, qualifié seigneur de l'Etang et four banal de Savigny. Ce sceau précieux servait au sénéchal en 1486-1488, comme baron d'Herment.

Les de Bosredont avaient pour armes : *Ecartelé, aux 1 et 4 de gueules; aux 2 et 3 de vair.* Du moins le sceau du premier Jean de Bosredont a ce blason, que les Bosredont actuels portent toujours, mais avec un lion grimpant couronné d'or, ajouté sur les gueules du 1er et du 4e quartier.

Quant aux de Cordemoy, ils avaient pour blason *d'azur à un soleil d'or et trois monts d'argent.*

***

On voit par l'arbre généalogique qui précède, que les de Bosredont se seraient qualifiés, pendant plus d'un siècle et demi, seigneurs de Savigny, de 1497 à 1661. — Cependant les historiographes locaux signalent en même temps : Nicole de Savigny, Robert Noirot, Claude de Chauvirey, allié aux Bosredont, etc., etc., et surtout les d'Orologe, qui certainement étaient contemporains; les tragiques événements dont ces derniers furent victimes ont perpétué leur mémoire à travers plusieurs siècles.

De cette confusion de seigneurs, presque tous de la même époque, il résulterait que plusieurs en même temps prétendaient au titre de sieur de Savigny. — Ceci n'a nullement lieu de surprendre et le cas était loin d'être isolé : l'expression consacrée et si fréquemment répétée : « seigneur de .....X. Y. Z *en partie*, ou « et autres lieux » ne laisse aucun doute sur ce point.

On sait en effet que cette fière noblesse, aimait à énumérer les localités où parfois elle ne possédait guère qu'une terre étroite, peut-être même aliénée, sur laquelle pesaient certains droits féodaux ; cette énumération servait à donner aux familles plus d'importance et à enrichir leurs parchemins,

Cette remarque faite, ajoutons que les anciens ont toujours désigné comme emplacement du château des d'Orologe la maison Daudanne, en face l'église, et des travaux de terrassement ont suffisamment confirmé cette assertion. N'oublions pas de signaler également d'anciennes constructions qui subsistèrent jusqu'en 1845, et qui figurent encore au plan cadastral. Ces constructions étaient devenues les communs du château, d'origine plus moderne : à l'ouest étaient grange, écurie, étable, au centre une tour ronde avec escalier extérieur en pierre ; à l'est une autre dépendance convertie en chambre à four, mais témoignant plus d'antiquité que tout le reste, avec son ample cheminée et sa fenêtre murée dissimulant mal les détails décoratifs. Ces vieux bâtiments furent, en 1845, remplacés par des communs élégants et pratiques, qui eux aussi disparurent en 1884 ; en leur lieu et place on établit la pelouse en pente qui égaie l'entrée des Pavillons.

***

Avant de continuer notre histoire toute locale, il est peut-être utile de rappeler la parenté qui existait entre les de Bosredont et les de Chavange ou Chauange ; on sait que notre v actuel, alors peu usité, était remplacé par u.

On se souvient en effet qu'Elisabeth, fille de François de Bosredont, épousa Pierre de Chavange, et qu'en 1630, Georges de Bosredont épousa Marguerite de Chavange. Dans le procès au sujet de l'assassinat dont nous allons parler plus loin, les de Chavange ou Chauange seront souvent rappelés.

Avant de raconter les faits qui vont suivre, faisons un court retour à l'histoire de France. Si nous nous reportons à l'an 1600, nous assisterons, à quelques années près, à la prétendue fin des guerres de religion. Nombre de vieux ligueurs ne s'étaient pas soumis à Henri IV et s'étaient réfugiés en Franche-Comté, alors province espagnole, toujours au guet d'une occasion favorable.

Le commencement du XVII siècle de 1601 à 1700) a été marqué par une longue série de guérillas ou assauts entre les seigneurs *des Marches* de Champagne avec ceux de la Comté ; notre situation à l'extrême frontière nous plaçait au premier plan dans ces tristes querelles.

Ces malheureuses dissensions intestines avaient ravivé la passion du duel, toujours condamnée, cependant toujours pratiquée malgré les édits les plus sévères. Cette lutte entre eux dégénérait trop souvent en combat par l'adjonction de témoins ou d'amis. Probablement les d'Orologe et les Graschau comptent dans les quatre mille gentilhommes français enlevés dans un an à la Patrie par un fol point d'honneur.

Aujourd'hui nos vantards fieffés échangent des balles en l'air ; nul n'est blessé, l'orgueil semble satisfait : c'est plus pratique et moins périlleux !

II. — Les D'OROLOGE.

Essayons de retracer aussi véridiquement que possible l'histoire des d'Orologe, seigneurs de Regras et Savigny.

Datant de trois siècles, à travers et malgré tant d'événements divers, le souvenir d'un drame inouï s'est perpétué dans le pays, dans les anciennes familles surtout, mais souvenir qui semble s'éteindre. Rappelons-le à la mémoire de tous.

Les d'Orologe — (Dorolgoglio, Dorogloglio ou Dorogoglio) — descendraient, paraît-il, d'une noble famille italienne qui aurait suivi la fortune d'un des rois de France, probablement Charles VIII, dans ses guerres d'Italie, l'aurait accompagné en France et s'y serait fixé.

A l'appui de cette tradition constante, Briffaut dit que tel d'Orologe de Savigny était aussi seigneur d'une localité sise au pays de Montferrat. — Monteferrato (en italien) était un ancien duché d'Italie, borné au nord et à l'ouest par le Piémont, au sud par la République de Gênes, à l'est par le Milanais : il avait pour capitale Casale.

Quand les d'Orologe vinrent-ils s'établir à Savigny ? Il est probable que c'est vers l'an 1600, car leur écusson, seule relique qui nous reste d'eux, sculpté sur une pierre très apparente qui se montre en relief au-dessus de la porte de grange de l'ancienne maison Daudanne, laquelle est bâtie sur l'emplacement de l'ancien château des d'Orologe, porte la date de 1619.

J'ai vainement cherché à être plus sûrement fixé sur l'origine de cette noble famille.

Quoiqu'il en soit, citons les documents relevés scrupuleusement dans les archives communales de Savigny, relatifs aux d'Orologe, au moment où surgirent les tragiques événements que nous allons raconter.

Famille des D'OROLOGE. — 1610 et suivants

Dame d'Orologe, née Catherine-Caramelle Cabiane, dame de Rufin, etc., décédée le 2 mars 16 ' à l'âge de 107 ans, 9 mois, 27 jours, inhumée dans le sanctuaire de l'ancienne église de Savigny, côté gauche.

JUGURTHA D'OROLOGE, fils de la précédente. — Assassiné à Savigny le 21 juin 1624, a eu pour enfants :

1° Antoine d'Orologe. Tué à Renaucourt, le 14 avril 621 ;

2° Charles d'Orologe. — Blessé à Renaucourt, le 14 avril 1624, assassiné à Savigny, le 21 juin 1624 ;

3° François d'Orologe. — Assassiné à Savigny, le 21 juin 1624.

NOTE. — La mort de ces quatre victimes de Graschau éteignait la ligne masculine des d'Orologe.

4° Catherine d'Orologe, épouse de noble François JULLIOT, écuyer, devait, au moment du massacre, habiter Langres avec son mari ;

5° Jacqueline d'Orologe épousa François de la Baume, qui, en 1631, se qualifiait seigneur de Savigny.

Copions l'acte de décès des d'Orologe, le *premier* inscrit dans nos archives :

« **Jugurtha d'Oroloige** (prononciation comtoise), lire
« **d'Orologe, François d'Orologe** et **Charles d'Orologe,**
« sont été décédés et assassinés le jour du *vingt-quatre juin*
« *mil six cent vingt-quatre.* »

Voilà dans son laconisme l'acte de décès des d'Orologe ; cet acte est presque rendu indéchiffrable, rongé qu'il est par le temps. Le jugement dans l'affaire d'Orologe et de Graschau indique le 21 juin 1624 comme jour des décès, mais l'inhumation peut n'avoir eu lieu que le 24 juin.

Reproduisons ici tous les autres actes authentiques qui nous restent, concernant cette malheureuse famille :

En 1620. — 21 octobre. — Noble François d'Orologe, escuier, fils de Jugurtha d'Orologe, seigneur de Regras et Savigny, est parrain.

En 1621. 13 mars. — Mlle *Jacqueline d'Orologe* est marraine.

En 1623. — 17 février. — Noble *Charles d'Orologe*, parrain.

En 1622. — Le dernier de février. — Noble François Julliot, escuier, conseiller au procureur du Roy au baillage de Langres, etc., épousa D[lle] *Catherine d'Orologe*, fille de Jugurtha d'Orologe, seigneur de Savigny.
En 624. — 16 mai. — Noble *François d'Orologe*, parrain.

A noter que filleuls et filleules étaient tous des enfants de pauvres gens.

En 1631. — 25 avril. — Baptême d'une fille dont le prénom n'est pas indiqué, née de François de la Baume, écuyer, et de Jacqueline d'Orologe, seigneur de Savigny. Parrain, noble François Arvisenet, seigneur de Lavant, et Demoiselle Jeanne de Baufremont.

En 1851, en creusant la fondation de l'un des deux piliers les plus rapprochés du sanctuaire de l'église actuelle, probablement celui du côté de l'épître, on a retrouvé, paraît-il, dans le même tombeau plusieurs crânes humains. Serait-ce la sépulture commune des trois malheureux d'Orologe ?

Tous ceux de notre âge ont pu voir, au sanctuaire de l'ancienne église, la tombe de la dame d'Orologe, née Catherine Caramelle Cabiane, décédée plus que centenaire ; mais les enfants de chœur, que nous étions alors, ne pouvaient y attacher à ce moment là, une bien grande importance.

***

C'était en 1624 : un fils de Jugurtha d'Orologe, revenant de la Comté, aurait eu la singulière, mais téméraire idée, d'exhiber à la selle de son cheval, les lièvres, produit de sa chasse, et de traverser ainsi Raucourt.

Telle serait l'origine de la querelle qui devait amener tant de malheurs : une futile question d'amour-propre, aggravée par le pointilleux droit de chasse.

Un soir, le seigneur de Raucourt, à la tête de sa garnison et de quelques alliés, arriva vers les minuit, au château de Savigny ouvert de toutes parts. A peine quelques serviteurs purent-ils prendre les armes ; mais ils furent facilement repoussés. Alors eut lieu le plus odieux massacre : les d'Orologe, leurs serviteurs et peut-être même de nombreux habitants furent passés par les armes.

Les farouches vainqueurs, après avoir recueilli un riche butin et s'être repus dans une dégoutante orgie, songeaient à se retirer, quand un léger bruit leur fit découvrir une cachette, où deux serviteurs s'étaient réfugiés. Animés d'une nouvelle fureur, les assassins mirent le feu au château, et ne quittèrent les décombres fumantes que quand ils eurent assouvi leur prétendue vengeance.

Les ruines du château auraient subsisté bien longtemps. C'était, paraît-il, le refuge des mendiants de passage, et cela, jusque vers 1789. Même quelques crépis se seraient longuement conservés, et on a souvent répété que Mme Jeanne Larget, une des bisaïeules de MM. Bacquet, aurait encore vu dans son jeune âge, sur le plâtre, des taches de main ensanglantées.

Diverses recherches ont été faites sur l'emplacement du château des d'Orologe, mais sans grand résultat.

Vers 1886, au moment où M. Charles Bezanson fit aménager des allées autour de la maison bourgeoise construite sur l'emplacement de l'ancien château, on rencontra des débris incendiés, à environ 0 m. 30 de profondeur ; on n'y trouva rien d'intéressant, sinon, un gond de volet tout vulgaire, et au sud, à l'endroit précis où s'amorce l'allée conduisant aux basses-cours, de très nombreuses dents de brebis, indice probable d'une bergerie dévastée autrefois par le feu. En face le petit hangar du jardinier, en travers de la petite allée descendante, on touche probablement sur le grand foyer de l'incendie. C'était une accumulation de chaux provenant de la cuisson de pierres calcaires et quelques débris mi-calcinés : on en enleva plusieurs tombereaux.

CHAPITRE V

Copie du jugement dans l'affaire d'Orologe et Graschault

Nous venons de rapporter la tradition populaire ; appuyons-nous maintenant sur la copie d'un acte authentique qui nous donnera des indications plus précises. Mais il est utile de faire remarquer que l'affaire d'Orologe et Graschau, portée devant le Parlement de Dole, s'occupe uniquement de l'assassinat et reste muette sur l'incendie. Nous respecterons scrupuleusement dans les lignes qui vont suivre, le texte et l'orthographe du document que nous avons pu avoir entre les mains.

***

« Il se reconnaistra, par les pièces d'une cause pendante à la cour souveraine du Parlement à Dole, entre Damoiselle Catherine d'Orologe, femme authorisée par justice, au refus de messire Claude Hier, seigneur de Malassie, Gentilhomme servant de sa majesté très-chrétienne, suppliante, d'une part, contre noble Melchior de Graschau, sieur de Raucourt, défendeur d'autre.

Que le 21, jour du mois de juin 1624, environ la minuit, se commit au lieu de Savigny, pays de France, le plus cruel assassin que l'on peut imaginer.

Ce fut aux personnes de nobles Jugurtha d'Orologe, père de la Damoiselle suppliante, Charles et François d'Orologe, fils dudit Jugurtha, que l'action fut perpétrée en forme suivante, puisque de droit *ex facto jus oritur*, et que les circonstances sont si considérables, que l'on ne doute pas que la Cour n'y fasse des réflexions toutes particulières.

Pour la représenter dans la vérité, il est que le 14 avril précédent, feu Noble François de Graschau, père du sieur Melchior —, lequel avait eu difficulté avec lesdits sieurs, alla trouver ledit sieur Charles et un sien frère nommé Antoine, dans la maison de Maistre George Chevillet, à Renaulcourt, où elle s'eschauffa si fort, que ledit sieur Antoine y fut tué, son frère Charles blessé, et un fils dudit sieur de Raucourt, demeura pareillement sur place.

La mort de ce dernier anima le père à une plus haute vengeance, laquelle ne fut pas plustôt conceue en sa pensée, qu'il en forma l'exécution, par un amas de quantité de personnes, tant de cette Province que de France.

Et le 20 dudit mois de juin, estans sortis dudit Raucourt, distant seulement du lieu de Savigny d'une lieue, ils arrivèrent à la maison des sieurs d'Orologe sur la minuit, y appliquèrent le pétard, et estant entres premièrement en la chambre dudit sieur Charles, cuirassez, le casque en teste, la visière levée, le pistolet à une main et le flambeau de l'autre, le tuèrent.

Puis allèrent rompre la porte de la chambre de François, qu'ils massacrèrent pareillement.

De quoy non contens, ils entrèrent dans celle du dit sieur Jugurtha père, pauvre homme âgé d'environ quatre-vingt ans, qu'ils assassinèrent, nonobstant toutes les prières qu'il leur faisait.

Enfin, après avoir tiré plusieurs coups de pistolets contre les servantes, blessé quelqu'unes d'icelles, et cherché mesme dans les écuyeries pour y faire main basse sur tout ce qu'ils y rencontraient, ils prirent le chemin de Raucour, selon qu'il fut reconnu à la visite et veue de lieu en faite le 27 desdits mois et an par le sieur Lieutenant en la Mareschaussée de Langres.

Par laquelle conste de plus que ledit sieur de Raucour fut assigné à trois briefs jours, ainsi que les sieurs Chauanges (ou Chavanges) l'ayant assisté, et que sur leur contumace, arrest fut rendu le 15 février 1625 contenant toute la procédure.

En suite de laquelle ledit sieur de Graschau et ses complices, même et en particulier lesdits sieurs Chavanges furent déclarez suffisamment atteints et convaincus dudit crime. Pour réparation duquel on les condamna à avoir par l'exécuteur de la haute justice les bras, jambes et reins rompus en deux endroits, sur un échafaud, leurs corps mis sur une roüe, le visage contre le ciel jusques à ce qu'ils auroient expiré, sinon, et au cas ils ne pourroient estre appréhendez, par figure et effigie.

Outre quoy l'on déclarera leurs biens confisquez, sur lesquels fut dit, l'on léveroit préalablement quatre mille livres pour la vesve dudit sieur Jugurtha, huit mille livres aux sieurs ses héritiers s'estant rendus parties au dit procez, cinq cent livres d'amendes pour le Roy, seize cent livres pour fondations, avec les frais de Justice, et tout solidairement, ensemble les dépens du procez fournis par le sieur Julyot, premier mary de ladite Damoiselle suppliante.

Mais comme ledit sieur de Raucour et complices estoient retirez en cette Province, il y eut plusieurs requestes présentées, qui sont attachées ensemble, et produites au sac de ladite Damoiselle sous quotte 12.

La première au sieur Mayeur de la ville de Dijon, le 21 juillet dudit an 1625, tendant à ce qu'il luy pleust donner permission d'arrester ledit sieur de Raucour que l'on disoit y estre pour lors.

La 2e à ladite cour, le 29 du dit mois, pour pouvoir l'arrester en ce pays, et qu'à cet effet mainforte luy fusse donnée, laquelle par son appointement dudit jour, au rapport du feu Seigneur Président Boyvin déclara, que l'on eusse à joindre cause rogatoire, et mandement de prinse de corps contre tous ceux en particulier que l'on vouloit faire saisir audit pays, avec double des informations, clos, et scellé au regard des vassaux et subjets de sa Majesté, pour après y estre ordonné.

Pour les 3 et 4, ce sont autrea requestes aux Parlements de Dijon, et sieur Lieutenant en la Mareschaussé de Langres, afin d'avoir mainforte.

Ce que n'ayant eu autre effet, et les guerres estans arrivées en la Province, (Guerre de Franche-Comté), ladite Damoiselle suppliante a surattendu jusques au 4 avril 1656, qu'elle recourru au sieur Bailly dudit Langres, à l'effet d'obtenir un mandement pour faire assigner le sieur Défendeur, afffn de veoir déclarer exécutoire à l'encontre de luy, la sentence dudit sieur Prévost des Mareschaux, dudit 15 février 1625, tout ainsi qu'elle estoit à l'encontre du sieur son père au temps de son décez,

Lequel mandement lui ayant esté décerné, il fut exécuté le 12 du mois d'avril au dedans du finage de Roches, sur les limites de la Province, proche ledit Raucour, ayant esté attaché copie au plus prochain arbre.

Après quoy, et sur le deffaut fait par ledit sieur Deffendeur, le 9 mai subséquent, il fut réassigné en la mesme forme jusques à contumace, pour le profit de laquelle il fut dit que pièces seroient veuës, et à vision d'icelles, jugement y fut rendu le 29 d'iceluy par le sieur Estienne Voinchet, escuyer, conseiller du Roy, Président, premier plus ancien Lieutenant Général, Enquesteur et Commissaire Examinateur au Siège Présidial dudit Langres, portant ;

Que veuë l'instance, pendante par devant luy entre ladite Damoiselle suppliante, requérant les profits et adjudication desdits deffauts à l'encontre du sieur de Graschau, escuyer, sieur de Raucour, fils, héritier, et lieutenant de deffunt sieur François de Graschau,

Sçavoir la sentence rendüe en la Mareschaussée de Langres le 15 février 1625, adjudicataire des interests civils, fondation de Messes, despens du procez, à l'encontre dudit sieur de Graschau, au proffit du sieur Julyot, et de la Damoiselle sa vesve, présentement suppliante, la Requeste par elle présentée, et par luy décrétée, les exploits y servant, avec les deffauts.

Ensemble les conclusions au Procureur du Roy, et tout considéré, en déclarant lesdits deffauts bien obtenus, leus et vérifiez, et tant pour le proffit d'iceux, qu'autrement, il déclarait la sentence rendue en ladite Mareschaussée exécutoire au profit de ladite Damoiselle à l'encontre dudit sieur de Graschau en la qualité susdite, ainsi qu'elle estoit contre ledit sieur son père.

Lequel pour ce il auroit condamné à la somme de douze mille livres d'intérest civils, et seize cent livres de fondations, avec despens du procez criminel adjugez par la première sentence, et aux intérests desdites sommes, jusques à entier et actuel paiement, et aux dépens.

La clause rogatoire y est apposée et le pareatis de sa Majesté Très-Chrétienne du 14 juin dudit an. En suitte de quoy elle s'adressa à ladite Cour par son Placet du 16 aost mesme année, pour lui permettre l'exécution desdites sentences en cette Province à l'encontre dudit sieur Deffendeur.

Lequel Placet fut appointé par communication au sieur Procureur Général, et à ceux à qui le fait touchoit, pour y respondre huit jours après.

Ce qu'ayant esté fait, Ladite Cour décerna mandement à laditte Damoiselle Deffendresse le 7 septembre subsequent, pour faire assigner ledit sieur de Graschau à certain Roole, à l'effet de procéder tant en ce qui estoit du principal, que de la caution par luy quise.

Après quoy il y a eu Appointement de Remontrances et Accordances, par lesquelles le dit Deffendeur excepte,

1°. — Qu'il n'est dénommé en l'une ni l'autre des sentences; En conséquence qu'elles ne sont éxécutables contre luy.

2°. — Qu'elles ont esté rendues nullement contre le sieur son père, pour estre contre les formalitez ordinaires de droit, de justice, authorité du souverain. franchises, et immunitez de la Province, puisque de droit l'acteur doit suivre le Bareau du Deffendeur.

3°. — Que quand le crime auroit esté commis en France, ledit feu sieur de Raucour a esté traduit à la dite Cour pour le même fait, où il a esté renvoyé par Arrest du 7 septembre 1626, Partant postérieurement à la sentence de ladite Damoiselle suppliante, laquelle par ce moyen, et en tout cas n'a point de force.

4°. — Que le dit sieur de Raucour ayant esté recherché dans ce Pays par les Archers de France, à prétexte de certaine permission obtenuë avant ledit Arrest, La Cour, sur requeste présentée de sa part, et les sieurs Fiscaux oüys, révoqua et annulla ladite permission par Appointement du 7 août 16.. avec interdiction aux Prévosts de l'arrester.

5°. — Qu'il ne constera pas que ledit sieur son père ayt commis l'homicide, et quand cela serait, l'Arrest de ladite Cour le met à couvert.

6°. — Que pour ce qui concerne la première sentence, il y a prescription, n'ayant esté éxécutée dans les trente ans, qui sera encore plus que complette. si elle veut commencer une nouvelle action.

Bref, il inficie qu'il y aye eu citation pour le recours et ampliation.

Que sont en effet et en substance toutes les principales exceptions qui ont esté formées contre l'intention de ladite Damoiselle suppliante, laquelle sera suffisamment fondée en destruisant lesdites objections par ordre.

Commençant à première. — Il est vray que le sieur deffendeur n'est pas dénommé en la première sentence, mais bien le sieur François de Graschau, duquel estant fils et héritier, il est tenu de payer ses debets, et ensuite l'adjugé de question.

Non seulement par la maxime ordinaire *Filius hœres represœntat personnam defuncti, et quasi contrahit cum creditorib.*

Mais encore, parce qu'au cas de question, l'héritier est tenu à l'interest de la partie offensée. *Cap. in litteris de raptor, et cap. fin. de perpet. et tempor. act. — Cap. 3. num. 7*, où il est dit, *Jura quib. statutum est hœredem non posse ex delicto defuncti conveniri intelligenda esse quod ad actionem pœnalem, ut pœnam criminis solvat, non autem quoad damni illati persœcutionem, actione enim persecutoriâ rei, et damni illati conveniri hœres propter crimen defuncti poterit in foro civili, et seculari.*

Ce qui a lieu particulièrement lors qu'il y a ja sentence, et adjugé contre le deffunct avant son decez, qui emporte exécution, et donne hypothèque comme icy.

Veu que ladite Damoiselle suppliante n'est plus considérée comme ayant une simple action *ad persecutionem*, et pour faire condamner ledit héritier, mais en qualité de créancière formée.

La dite qualité ne luy peut estre combattue par l'autre objection formée audit premier chef, sous prétexte qu'il est dénommé en la seconde sentence du nom de Jean au lieu de Melchior.

Tant en raison de ce que *error in nomine, cognomine, pronomine, agnomine non vitiat dispositionem, sive in contractibus, sententiis ant legatis.* Cf. de légat. C. de testament. *In conditionibus, maxime quando de re et corpore constat,* ainsi qu'en ce cas ledit sieur Deffendeur est resté seul fils du sieur François de Graschau, et que partout il est qualifié tel et son héritier.

Que, par ladite exception ayant été proposée dès le commencement à la Cour, elle l'a suffisamment déterminé par son appointement d'accordances.

Ainsi, comme c'est jà une chose vidée et qui de soy n'est considérable, l'on passe.

A la deuxième, où l'on pense maintenir que ledit feu sieur de Raucour n'a pu être tiré en poursuite pour le fait dudit crime hors la Province.

Cependant, il est certain en termes de droit et en matière de crime, que *reus ratione criminis commissi forum sortitur, et habet forum in loco ubi delictum commisit, tametsi alias ibidem non posset in judicium vocari nec forum sortiretur,* text. in l. 1. C. *ubi de crimine agi oportet.*

En quoy, il n'y a attenta à l'authorité de S. M. ny aux privilèges, aux immunités de la Province, puisque la loi le permet, qu'il se pratique de la sorte et qu'autrement *scelera manerent impunita; Reipublica autem interest crimina puniri eo loco in quo fuerunt perpetrata propter exemplum.*

Principalement au fait de la question où il s'agit d'un

assassin si cruel et inhumain, qu'il ne peut y avoir aucun privilège pour celui qui l'a commis.

Au contraire, il est de ceux que les Docteurs appellent privilègiez, pour tirer le Deffendeur en la justice du lieu où il a été perpétré.

Voire mesme quand il aurait ja esté tiré en poursuite au lieu de son domicile.

Mais comme cette question doit être agitée plus amplement traitant le troisième point, l'on s'y reportera.

Il est vray aussi que ledit sieur Deffendeur a produit un arrest postérieur, rendu par la Cour le 7 septembre 1626, fourni en son sac, et postérieur à ladite sentence.

Mais elle ne lui peut préjudicier pour plusieurs raisons, dont les principales sont :

1. — Que le crime ayant esté commis en France, où il constoit de *corpore delicti*, l'on ne pouvait pas en avoir la connaissance, les témoins, ny les circonstances en cette Province.

Aussi ne se treuvera-t-il pas par le besongné qui en a peu estre dressé, que l'on aye examiné une seule personne de toutes celles qui pouvoient déposer de la vérité du fait.

La Damoiselle suppliante révère tous les jugements de la dite Cour, et recevra tousjours avec grand respect toutes les Ordonnances qui viendront de sa part.

Néanmoins elle peut reconnoistre par toutes les pièces de la cause de l'une et l'autre des parties, que la sentence de ladite Demoiselle suppliante estant du 15 février 1625, et sa Requeste à ladite Cour, cy devant mentionnée, pour saisir en ce pays ledit sieur de Raucour du dit 29 juillet subséquent,

Toute la procédure qui a esté faite postérieurement et après la connaissance de tous lesdits actes, ne doit estre considérée que comme une précaution contre les recherches de la personne que l'on vouloit faire.

Et que si bien de droit *posteriora derogant prioribus*, c'est en matière de contrat et non pas au fait de question, où les parties principales n'ont pas esté oüyes.

De sorte que l'on peut dire en second lieu. que, *fuit res inter alios acta*, qui ne peut ny ne doit préjudicier à ladite Damoiselle suppliante, qui n'a esté de cause ny oüye, *sententia enim inter alios lata aliis non auditis nec vocatis non nocere potest*. Fab. lib. 6. — Cod. tit. II de jur.

En tout cas, si ledit arrest doit avoir lieu, et opérer quelque effet, ce ne pourroit estre qu'au regard du fisque et de la peine, affin de n'en pouvoir estre recherché ledit feu sieur de Raucour en cette Province, selon que l'on prétendoit faire, et non pas pour ce qui concerne l'intérest civil.

D'autant que l'action en est différente, si elle se conjoingne quelque fois, mais c'est seulement lors que la partie intéressée le demande de la sorte.

Il est certain en droit que, *Separatorum separata est ratio nec una absolutio ad aliam porrigitur...;*

Par conséquent le sieur Deffendeur ne peut avec fondement mettre en avant le dit Arrest pour s'en prévaloir à l'encontre de la Damoiselle suppliante : *tot enim sunt actiones quot sunt facta.*

Non pas mesme à prétexte de ce que l'on ajoute pour une quatrième exception, que ledit feu sieur de Raucour ayant esté recherché en ce pays par les Archers de France, sous couleur de certaine permission obtenue avant ledit Arrest, La Cour sur requeste présenté de sa part, et les Fiscaux en icelle oüys, révoqua et annulla ladite permission par appointement du 7 Août 1628 avec interdiction aux Prévosts de l'arrester.

Parce que telle déclaration n'est faite qu'en conséquence dudit Arrest, et comme une suite d'iceluy, lequel ne respectant en rien la partie civile intéressée, elle ne peut avoir plus d'effet que le premier.

Au contraire cela preuve encore mieux le raisonnement de la Damoiselle suppliante.

A scavoir que ledit arrest n'avait été procuré que pour se mettre à couvert de la recherche des Prévosts, et empescher la saisie que l'on prétendait faire en cette Province de sa personne, en vertu de la sentence de ladite Mareschaussée de Langres, et de la permission que l'on en avait demandé.

Pourquoy l'on passe à la cinquième exception, où ledit sieur Deffendeur inficie que ledit feu sieur son père ayt commis l'action dont est question, et quand cela seroit que l'Arrest de la Cour le met à couvert.

Ladite Damoiselle suppliante a déjia fait voir sur la dernière partie de cette proposition que ledit arrest ne pouvait avoir lieu, le prenant dans le sens le plus favorable pour ledit sieur Deffendeur, sinon en ce qui respectoit le fisque et la peine corporelle.

Au regard de la première : L'on juge avec fondement que ce point estant esclairey à l'avantage de ladite Damoiselle suppliante, toutes les autres difficultez ne sont pas considérables.

Il est donc question d'examiner et respondre, si ledit feu sieur de Raucour père a esté l'auteur de l'assassin, et s'il l'a commis, tant par luy que ses adhérans.

Personne n'ignore la querelle qui avoit esté entre luy et les sieurs François, Charles et Antoine d'Orologe, ensemble le commencement de tragédie qui fut jouëe chez le sieur Chevillet à Renaulcourt avant la dernière action, selon qu'il a esté prémis à l'entrée du discours.

La mort du fils dudit sieur de Raucour (quoy que tué avec un subjet très légitime) fut le dessein de tout le reste, par celuy que le sieur son père prit dez lors de venger cette mort, par celle des deux frères qui restoient, et de leur père mesme.

Comme ce fait est hors de controverse, *ex evidentiâ rei*, il reste de dire qu'en droit une inimitié conceuë pour cause grave est un violent indice contre l'accusé. Bald. conf. 138, vol. 3. Blanc. in l. fin C. de quœst. num. 89 et 91.

Le mesme Bald. conf. 42. — vol. 5. num. 2. — asseure qu'entre lesdites causes graves est une querelle précédente, de la nature de celle qui vient d'estre représentée, suivie desdites morts.

Il seroit facile d'en adjouster d'autres, comme les assemblées faites dez lors, la piste des chemins et charrette reconneuë à la veuë de lieu allant droit à Raucour, avec l'heure nocturne.

Ensemble la fame commune, — laquelle conjointe aux autres precédans rend quasi la chose indubitable, *secund. Angl. tract. de malefic. in verb. fama public. versic. an fama, Bart. in tract. de tortura.*

Mais comme elles se remarqueront mieux à la suitte parlant des preuves résultans des informations, l'on s'y arrestra seulement pour lors.

Il est donc vray que sur ledit fait il y a eu information, recours et ampliation, où la vérité dudit fait est en évidence, et la preuve certaine contre le feu sieur de Raucour.

Car le premier tesmoin de l'information, Eglantine Mouton asseure qu'environ la minuit du 21 juin 1624, estant couchée dans la chambre haute du logis du sieur d'Orologe père qui regarde sur la cour et sur la ruë, (y ayant esté appelée depuis deux mois pour assister et traister le dit sieur Charles d'Orologe, malade des blessures qu'il disait avoir reçeu des sieurs de Raucour père et fils à Renaulcourt chez le sieur Chevillet, où le frère dudit sieur Charles, nommé Antoine avoist esté tué par lesdits sieurs de Raucour), estant couchée, entendit comme un coup de pistolet.

Au bruit duquel le sieur Charles l'appela, et se voulant lever entendit rompre la porte de ladite chambre où ledit sieur Charles estoit couché, et elle ladite Eglantine entendit avec une autre servante nommé Jeanne.

Laquelle porte rompuë entrèrent six hommes armez de cuirasses, le casque en teste, les visières levées, portant chacun d'eux le pistolet à la main et des flambeaux.

Entre lesquels elle reconneu le sieur de Raucour père, qui estoit un grand homme puissant, ayant la barbe ja meslée, habillé de gris, lequel elle reconneu fort bien pour l'avoir veu plusieurs fois, et pour les autres ne les peut connoistre, quatre desquels s'approchant du lit où estoit couché ledit sieur Charles, au milieu de la chambre, ils luy délaschèrent leurs pistolets et le tuèrent.

Puis estans allez aux autres chambres en firent le mesme dudit sieur Jugurtha d'Orologe père, et du sieur François d'Orologe.

Le 2, nommé Jeanne Vautherin dépose le mesme et ajoute au regard dudit sieur de Raucour, que ladite Eglantine lui monstra l'un des assassins, qu'estoit un gros homme, armé de cuirasse et de casque, la visière levée, homme désia agé, la barbe a demy meslée, vestu de gris, qu'elle luy dit estre le sieur de Raucour, croyant que c'estoit celui qui conduisoit les autres, parce que c'étoit luy qui ordonna que l'on tua.

Le 3e parle de l'un de ceux de la compagnie qu'elle vit dans l'action, et dit que c'estoit un homme de pareille stature au sieur Chavange père, portant une barbe meslée, lequel ayant dépeint (depuis l'accident) à quelques personnes qui estoient arrivées, elles ont dit que ce ne pouvait estre autre que ledit sieur de Raucour.

Pour le 4e, il dépose avoir oüy dire aux servantes du logis que c'estoient ledit sieur de Raucour, son valet, les deux Chavange et autres.

Par effect, l'on n'a pas posé ny ne scauroit on justifier que lesdits sieurs d'Orologe eussent pour lors autres ennemis que ledit sieur de Raucour.

D'autant même que le 8e confirme ce que ledit 4e en a dit par oüy dire. Et le premier examiné dans l'ampliation qu'il reconneut la piste d'une charette qui venoit du costé de Raucour, avec plusieurs autres circonstances très remarquables.

Particulièrement, que le soir du Vendredy précédent ledit assassin, retournant de garder ses chevaux avec les autres grangers, il avait trouvé au dedans du chemin tirant droit dez Raucour à Savigny, le serviteur dudit sieur, nommé Toussaint, homme rousseau, un peu camard, et de moyenne stature, qui suivait ledit chemin, le contraignit de rentrer dans le bois, affin, disoit-il, qu'on ne fit perdre leur chasse, présentant le pistolet à la gorge de Jean Foresse, granger à la mesme grange. Ayans lors oüy le bruit d'une charette ou chariot et de quelques gens à cheval.

Le 4ᵉ, qu'est le sieur Robert Valette, advocat à Chaumont, a oüy dire à plusieurs tant Habitans de Savigny qu'autres lieux circonvoisins, que c'estoit le sieur de Raucour, qui avoit commis lesdits assassins, ayant à cet effect procuré un amas de plusieurs y ayans assisté, mesme le sieur Chevalier d'Acolan, Saint-Loup, le sieur de Citey, valet d'Aboncourt, les sieurs Dupont, dit d'Oiseley, les sieurs de Landres et Labry, les Labruche de Champlitte, le sieur de Montureux, le sieur de Montault avec dix hommes, les fils de Velloue, le greffier Bitey de Raucour, un nommé Roussel de Raucour et ses frères, outre plusieurs François, comme les sieurs Chavange, Saquenay, de Poinçons, Guillaume de Voncour, Clément Poillette et Bize.

Le 9ᵉ. — Qu'environ la Feste-Dieu 1624, ledit sieur de Raucour la vint trouver à Fouvent-le-Chastel, où elle estoit pour lors, et luy parlant dit, que le sieur Chevalier d'Acolan désiroit faire sa confrérie audit Fouvent, de quoy elle le détourna ; après quoy il retourna auprès d'elle, et luy dit qu'à tort on l'accusoit de ladite mort, parce qu'il estoit la nuit des vendredy et samedi jusques à midy à Champlitte.

Adjoustant ledit témoin, que nonobstant tels discours le bruit commun estoit que ledit sieur de Raucour avait commis l'assassin.

Desquelles fame et bruit commun en déposent pareillement les 6ᵉ, 7ᵉ, 8ᵉ, 10ᵉ, 11ᵉ et 12ᵉ.

Outre quoy, Jean Terrel dit au recours par dessus sa première déposition que Guillaume Boillod de Voncourt, serrurier, — (certainement Guillaume Boillod, maître serrurier, habitait Voncourt en avril 1623 : voir archives communales de Savigny et Voncourt) — luy a confessé avoir fait les bandes de la planche du pétard et tirefond, lesquelles lui avoient esté commandées par ledit sieur de Raucour.

De tout ce que dessus reste que la preuve est assez entière contre luy, puisque le premier tesmoin en dépose affirmativement, le 2e le despeind de la mesme façon que l'autre, ainsi que le 3e, le 4e et 5e par oüy dire, et les 6e, 7e, 8e, 9e, 10e, 11e et 12e par un bruit commun.

Lequel bruit est accompagné de tant d'autres indices et circonstances, qu'il semble n'y avoir connu aucun sujet d'en douter.

Par ce que l'on a désia monstré cy-devant qu'il y auroit eu querelle précédente, suivie de mort et blessure.

D'ailleurs, dans l'information, il est dit audit recolement avoir appris de Pierre... tret de Fouvans, qu'auparavant le meurtre, le sieur de Raucour avoit fait assemblée de personnes en sa maison, mesme que l'on avoit tasché d'y attirer un nommé la Ruë, ce qu'il ne voulut faire.

A quoy vient joindre le bruit commun et fame publique, preuvée par tous les tesmoins avant-dits, avec la reconnaissance faite de la charette tirant audit lieu de Raucour, ensemble celle du valet dudit sieur de Graschau dans l'action, et quantité d'autres résultants dudit besongné.

En droit, il y a trois sortes d'indices, dont les uns sont généraux, et éloignez de la vérité, les seconds sont plus proches de la vérité, de la chose, que les Docteurs appellent *semiplena et dubitata*, et les troisièmes, tellement conjoints avec la vérité, qu'ils sont pour cette raison indices pleins et indubitables.

Lesquels indices de cette dernière classe font foy et preuve entière, quand mesme elle ne serait pas affirmées par un tesmoin, y joignant toutes les autres circonstances cy-devant remarquées *quia indicia probantur aliquando per unum testem, ubi etiam mulier admittitur*. Jul. Clar., lib. 5, quest. 21, 22 et 24.

Principalement en matière d'assassin, comme est celuy de question, le plus énorme que l'on puisse imaginer, *text. in cap. 1. de homicid, lib. 6.* Mascard, *de probat. concl. 137, num. 1. ubi assassinium probatur argumentis et probationibus semiplenis*.

Veoire même, *etiam si testes fuerent examinati, parte non citata, et sint testes de auditu auditus*, quand il y a tant d'autres adminicules, tant le crime est odieux, et qu'aux autres, *non probent*, c'est aux nombres 2 et 4.

Et en sa conclusion 895, il adjointe que en semblable cas, *indicia multa testibus etiam singularib. probant.*

D'où le Marsil, *in pract. crimin. diligenter.* concluent que *indicia surgentia*, entre lesquels tous ceux qu'on a rapporté *faciunt plenam probationem.*

La fame commune estant entre ceux-là l'indice qu'ils tiennent des plus forts.

Tout ce que dessus semblant inutile d'estre desduit plus au long, puisqu'il y a desia arrest rendu, par lequel ledit feu sieur de Grachau a esté condamné dudit crime, ensemble aux interests, et ledit sieur Deffendeur de payer adjugé en qualité de son héritier.

Contre lequel adjugé ne peut obster l'arrest de ladite cour, si l'on considère, suivant les premières raisons, qu'il ne peut préjudicier a celuy rendu en la Mareschaussée de Langres, *quia Judex loci delicti potest procedere contra delinquentem in loco domicilii absolutum. Jul. Clar. quæst. 38, num. 1, 2 et 3;* qu'en tout cas il ne pourrait respecter l'interest civil. »

. . . .

Ici s'arrête le document précieux que je viens de reproduire, et que je dois à mon cousin et ami M. Lamarche, instituteur à Volon (Haute-Saône) ; malheureusement la suite a disparu avec les ans. Cette pièce historique sera peut-être indifférente à certains, mais sûrement intéressante pour d'autres.

Par suite de causes inconnues, l'original était tombé entre les mains d'un pauvre habitant de Raucourt, qui jalousement le conservait ; le regretté M. Charles Bezanson, qui m'encourageait dans mes recherches historiques, désirait acquérir cette pièce authentique, si intéressante pour sa commune, et en donnait beau prix ; malheureusement, dans l'intervalle, la ménagère de l'homme de Raucourt, qui n'avait pas les mêmes goûts que son mari, sous l'impulsion d'un sentiment de propreté, mit toutes ces vieilles paperasses au feu. Répétition fâcheuse de tant d'autres faits analogues.

CHAPITRE VI.

Suite des Seigneurs de Savigny

Revenons aux seigneurs de Savigny. Et d'abord rappelons que François de la Baume, époux de Jacqueline d'Orologe, se qualifiait seigneur de Savigny, en 1631.

Peut-être était-il de la famille du baron de la Baume Montrevel, seigneur de Fayl-Billot.

Puis survint la guerre de Franche-Comté, lutte exterminatrice, aggravée par une peste de plus de trois ans, qui dépeupla le pays, et vit disparaître nombre de seigneurs, et il faut attendre au 30 janvier 1650 pour retrouver, dans les archives communales, traces d'un seigneur du pays.

Dans un acte de baptême de cette époque est parrain « généreux seigneur messire François Girault, chevalier de « Saint Louis, ancien capitaine au régiment Dauphin cava- « lerie, seigneur de Savigny et Voncourt. »

Il était l'époux de Jacquette Piot, fille du secrétaire du Roi.

De ce mariage naquirent cinq enfants, mais deux seulement laissèrent postérité, et encore par les femmes. Marguerite Girault épousa Thomas Petit, et Anne Girault se maria avec Jérôme Véron.

Il nous est difficile de préciser d'où sortait cette famille Girault, qui habitait Langres, était alliée aux Piétrequin de Gilley et autres nobles.

Cette maison devint puissante dans le pays, possédant Genevrières, Belfond, Savigny, Voncourt, Farincourt et autres lieux ; les Essarts, la Pierre-Percée, en outre d'autres domaines éloignés, notamment Malroy, si connu par son établissement d'instruction.

Qu'il soit permis de relever quelques actes de nos archives communales où sont rappelées les familles Girault, Petit et Véron.

En 1669. — 20 juillet, baptême de Gabriel Girault, fils de François Girault, écuyer, seigneur de Voncourt, Savigny et Farincourt. — Parrain, Gabriel Girault, fils d'Anthoine Girault, seigneur de Genevrières et Belfond.

En 1670. — Décès de François Girault (père), attesté par une tombe au sanctuaire de l'ancienne église de Savigny. — François Girault (fils), époux de Anne Girard, lui succéda. Il mourut sans enfant.

En 1671. — 28 avril, décès de Jacquette Piot, âgée de 39 ans, épouse de François Girault, seigneur.

En 1682. — François Girault reparaît seigneur de Farincourt.

En 1685. — Le même François Girault se dit seigneur de Genevrières.

En 1729. — 1er ou 3 mars (d'autres disent 17 mars), décès de François Girault, (fils de François Girault et de Jacquette Piot, époux d'Anne Girard). — Ont signé à l'acte : son beau-frère Thomas Petit, écuyer, seigneur de Farincourt, les Essarts et la Pierre-Percée, époux de Marguerite Girault ; et ses neveux, fils d'Anne Girault, Estienne Véron, sieur de Voncourt, lieutenant au régiment de Vaudrey-cavalerie, Simon Véron, écuyer, sieur de Savigny, Jean-Jérôme Véron, écuyer, parents et amis Piétrequin, etc...

***

Nous avons tous connu M. Anatole Véron de Farincourt ; cet élégant et populaire M. de Farincourt devint sous-préfet à Sens vers 1857, puis préfet à Besançon en 1870 ; il fut plus tard gouverneur de Monaco.

Si nous continuons la suite des actes relatifs à cette famille, on relève :

En 1759, décès de Thomas Petit, âgé de 52 ans, enterré dans l'église de Savigny, sous son banc, seigneur de Savigny Voncourt et autres lieux.

Son fils, Thomas-Bernard Petit, prit les mêmes titres, et par préciput, conserva le château de Voncourt.

En 1768, baptême de François-Bernard Petit. En 1783, nous relevons dans un baptême, pour parrain, Billerey de Voncourt et pour marraine, D^{lle} Elisabeth, fille de Claude Thévenot d'Essaule ; ce dernier acte constate ainsi un changement capital.

Les Girault et leurs descendants auraient possédé Savigny et autres lieux pendant plus d'un siècle.

Nous avons dit plus haut qu'il est très probable que la terre de Savigny n'appartint pas toujours exclusivement à un seul seigneur. Ajoutons que les plus anciens actes qui se soient conservés ici, et qui étaient encore nombreux, il y a un demi siècle, commençaient ainsi :

« A tous ceux qui présente lettre verront, Louis-Antide de Pratz, comte de Peuzent, suzerain de plusieurs seigneuries... »

Selon certains, L. A. de Pratz aurait succédé aux de Vergy.

CHAPITRE VIII

Le dernier seigneur de Savigny

M. Claude-François Thevenot d'Essaule, né à Coiffy-la-Ville le 23 janvier 1723, fils de J.-B^te Thévenot, procureur du Roi en la prévôté royale de Coiffy-le-Château, et d'Elisabeth Attalin. Il épousa Marie-Thérèse Cousin, dont il eut une fille, Mlle Charlotte-Elisabeth Thévenot, qui plus tard fut mariée à J.-B^t Rochet, signalé dans la suite comme absent. Certains anciens du pays, qui avaient servi la maison Thevenot d'Essaule, nous disaient que Mlle Charlotte-Elisabeth Thevenot, à bout de ressources, était revenue au pays de ses aïeux et serait morte à Coiffy-le-Bas, institutrice et pauvre.

M. C.-F. Thevenot reçut une éducation soignée et fit de brillantes études. Le barreau de Paris, illustré alors par les plus grands maîtres de l'éloquence, fut l'école où il se perfectionna. Sa réputation était telle qu'il se vit chargé d'une de ces causes qu'on peut appeler majeures. Il plaida au Parlement pour les Jésuites, dont la perte était résolue par les puissants du jour. La défense de Thevenot fut sublime, et la perte de ce procès mémorable ne fit qu'ajouter à la célébrité de l'avocat.

Tous connaissent le règne à jamais déplorable de Louis XV, prélude fatal d'une révolution forcée.

En vain le Parlement adressait des remontrances au roi. De 1743 à 1757, Maupéou, premier Président, montra de la faiblesse et fut remplacé par Lamoignon, père de Lamoignon Malesherbes, l'illustre défenseur de Louis XVI. Maupéou père fut rappelé aux affaires en 1768, et reçut même le titre de chancelier, mais vingt-quatre heures après il céda sa charge à son fils Maupéou René-Nicolas : ce dernier s'était élevé à la faveur de la Dubarry.

Par un coup d'Etat, ce nouveau Maupéou voulut débarrasser le roi du Parlement, et il en fit exiler les membres en 1771 ; à la place il établit six conseils supérieurs.

Thévenot eut le tort de ne pas rester fidèle à ses principes et de suivre la fortune de Maupéou en acceptant la place d'avocat général au Conseil souverain d'Orléans.

En 1774, quand Louis XVI rappela le Parlement, ses

membres se montrèrent hostiles à Thévenot, qui depuis vécut dans la retraite.

M. C.-F. Thevenot d'Essaule — (l'annuaire de 1811 dit F.-C. Thevenot de Saules, mais l'acte de baptême en 1783, rappelé plus haut, dit bien Thevenot *d'Essaule*, et les anciens du pays, quand ils parlaient de leur dernier seigneur, disaient M. d'Essaule qu'ils prononçaient d'Essaôle).

Donc M. Thévenot d'Essaule fut quand même illustre dans son temps, et la Haute-Marne l'honore en le classant parmi ses plus illustres jurisconsultes.

C'est probablement vers 1769 qu'il acheta le domaine de Savigny avec des terres sur Voncourt. Des vieillards qui l'avaient bien connu nous racontaient, à nous enfants, que c'était un homme très pacifique, aimé de tous. Ils nous rapportaient que certain jour, M. d'Essaule, revenant du côté de Voncourt, passa devant un chantier de scieur-de-long, installé devant la cure. Par fantaisie l'idée lui vint de donner un léger coup de canne à celui qui tirait la scie en lui disant : Est-ce ainsi que tu salues le seigneur ? — (les hommes devaient se découvrir et les femmes faire une révérence). — L'interpellé prit la chose au vif, et saisissant son tue-bois — (forte hache) — répliqua vertement : A quoi tient que d'un seigneur j'en fasse deux.

Et alors on nous faisait sentir que le pouvoir seigneurial était déjà devenu bien précaire dans les campagnes.

Quand M. Thevenot d'Essaule acquit la seigneurie, le château appartenait à Mme Reine Rémongin, veuve Marion. Par acte du 20 novembre 1769 elle le lui échangea contre des propriétés que M. Thevenot pouvait reprendre en offrant autre échange. Mme veuve Marion jouirait de ces propriétés à titre de roture, et comme tous devrait payer un cens d'un denier par arpent ; mais la maison qu'habitait ladite veuve Marion devait demeurer à perpétuité exempte de droits de corvée et de poule.

La Révolution arriva en 1789, heure de pertubation générale, surtout pour les classes privilégiées. M. Thevenot était encore à Savigny le 22 octobre 1790 ; — le 3 mars 1793 il habitait Vesoul ; — le 5 frimaire, an II — (26 décembre 1793) — il était détenu pour cause de suspicion en la maison des cy-devant Annonciades de Champlitte. En l'an IV et V il était de retour à Vesoul, où il mourut en 1797.

Noter qu'alors il signait : C.-F. Thevenot, ajoutant parfois la particule *de Savigny*, mais ne rappelant plus le titre d'Essaule.

Il serait intéressant de pouvoir reconstituer ce qu'était le domaine seigneurial de Savigny.

Madame Marie-Thérèse Cousin (veuve Thevenot) et sa fille Marie-Charlotte Thevenot vendirent en dernier lieu :

Corvée du chemin de Gilley, 24 journaux 1/2, 33 toises.

Corvée de Pressigny, 37 journaux 1/4, 40 toises.

Corvée de Genevrières, 19 journaux, 31 toises.

Corvée Les Lôos, 32 journaux, 105 toises.

Corvée Fontenelle, 9 journaux, 72 toises.

Corvée Rond-Vaux, 5 journaux 1/2, 37 toises.

Prés du Canal, 1 journal, 48 toises.

Total, (addition copiée, non contrôlée) 129 journaux, 59 toises.

Pré du Canal ou l'enclos, 7 fauchés 3/4, 18 toises.

Pré du moulin de Genrupt, 3 fauchés 2/4, 48 toises.

Pré contre le jardin du meunier, 2/4, 8 toises.

Pré derrière les Lôos, 1/4, 29 toises.

Vignes au même lieu, pré, 2 1/4, 1/2, 12 toises.

Grande vigne, 8 ouvrées au même lieu.

Total, (addition copiée, non contrôlée), 12 fauchées 3/4, 70 toises.

L'article ci-dessus n'est pas fantaisiste, c'est la copie d'un acte authentique qui subsiste, et bien valable malgré une erreur de prénom quant à Mlle Thevenot.

Mais il ne faudrait pas croire que l'énumération précédente comprenait tout le bien seigneurial :

Le bois des Lòos avait 8 arpents 14 chaines.

Le château avait été vendu 6.900 livres.

Par les ventes des biens nationaux des 23 brumaire, 6 et 27 frimaire an VII, M. Desloges avait acheté des biens pour 37.000 francs.

En outre, M. Thevenot, pressé par le besoin, avait vendu en détail, à prendre dans ses propriétés, une masse de parcelles aux habitants. Qu'il suffise de rappeler que la Grande-Vigne s'étendait jusqu'aux Goujades, que la plus grande partie de la prairie des Noues était à lui, qu'il avait déjà aliéné une grande partie de la Corvée des Moulins, de Creuva, etc.

Nous avons cru devoir rapporter sans interruption ce que nous savons des seigneurs de Savigny, regrettant de ne pouvoir préciser davantage certains points, comme par exemple les droits féodaux qu'avaient à subir ceux qui nous ont précédés au pays; jusqu'alors, nous n'avons retrouvé nulle trace de charte ou transaction avec le seigneur. Conséquence peut-être de notre situation de franc-alleu.

***

Revenons en arrière et essayons d'exquisser, en ce qui nous concerne, les grandes phases de l'Histoire de France dans les derniers siècles.

Mais notre cadre est restreint, nous nous contenterons de parler succintement des Guerres de religion, et surtout de celle de Franche-Comté, plus connue de tous sous le nom de Gallass.

CHAPITRE VII

Guerres de religion

Le protestantisme, appelé réforme par ses partisans d'origine allemande, s'était furtivement introduit en France. Pendant quelque temps il avait couvé comme sous la cendre et s'était assuré nombre de prosélytes ardents. surtout dans les provinces où restaient encore certains germes d'hérésies anciennes. Au goût de nouveauté s'adjoignit l'ambition de certains de la noblesse et même de princes du sang royal, pour en tirer profit ou vengeance.

Deux camps se formèrent, huguenots et papistes, termes méprisants qu'ils s'appliquaient réciproquement, et dans ces deux camps, nombre de politiques et de mécontents.

Naturellement ils absorbèrent cette tourbe de gens sans aveu, fléau humain de tous les âges ; aussi que de meurtres, de sacrilèges, de dévastations et d'horreurs de toutes sortes !

Ah ! si une guerre nationale réunit tous les cœurs dans un même sentiment de solidarité, une guerre de doctrine les divise souvent à jamais.

Le protestantisme se fit des adeptes assez nombreux, mais l'immense majorité des Français resta foncièrement et fermement catholique.

Le diocèse de Langres se signala en particulier par son ardeur à défendre la foi de ses pères, ce qui n'empêcha pas cependant l'intrusion de l'erreur en certains endroits. Le massacre de Vassy, excessivement regrettable, mais singulièrement exagéré par les réformés, fut, dit un contemporain « le premier son de trompette guerrière qui dans toute la France appelait les séditieux à prendre les armes. »

Les huguenots appelèrent à leur secours leurs coreligionnaires allemands, surtout connus sous le nom de reitres (cavalerie régulière) et de lansquenets (fantassins mercenaires), et ces troupes, conduites par le prince Casimir, entrèrent en France par la route de Paris à Bâle, d'où elles se répandirent dans notre contrée. En 1571, dans une de ces courses, le prince Casimir passa devant Langres, s'empara de Dijon contre la foi des traités, s'y signala par des atrocités inouïes, puis, pendant une trêve, vint s'installer à Langres et se logea à l'évêché, pendant que ses bandes, se répandant dans le pays, le livraient au pillage et à l'incendie.

La Ligue contre les huguenots s'était organisée formidable; les villes de Langres, Château-Villain, St-Jean-de-Losne furent les seules du diocèse de Langres, alors si vaste cependant, qui n'y acquiescèrent pas, et qui montrèrent une fidélité absolue aux héritiers directs et légitimes de la couronne, quels qu'ils fussent. Les bourgeois de Langres, craignant trahison, voulurent se charger eux-mêmes de la garde de la ville; ils se montrèrent à hauteur de leur mission et surent déjouer habilement plusieurs tentatives de surprises.

A cette époque, Langres avait pour maire Jean Roussat, homme sage, ferme, intègre, mais tolérant et conciliant, digne émule du chevalier L'Hôpital, son contemporain. Si L'Hôpital ne fut pas compris de la cour, Jean Roussat ne le fut pas toujours de ses compatriotes, et son juste cœur eut beaucoup à souffrir de ces esprits mesquins qui n'étaient pas à la hauteur de ses généreuses pensées.

Au milieu de tant de troubles, le pays était resté fidèle à sa religion, les protestants ne purent guère s'y établir, sauf à Pressigny, où son seigneur, de Choiseul et sa dame, les avaient introduits, à Is-sur-Tille et peut-être autres lieux que nous ignorons.

A la révocation de l'édit de Nantes (1685), le seul temple protestant qui restait dans le diocèse de Langres, celui d'Is-sur-Tille, fut détruit.

CHAPITRE VIII

Guerre de Franche-Comté

EXPOSÉ. — EMPRUNTS à J. BOYVIN. — PRÉVISIONS ET CONSEILS DE CHARLES-QUINT. — PRÉLUDE DE LA GUERRE : REPRISE DES DESSEINS D'HENRI IV PAR RICHELIEU

Toujours fixé à l'extrême frontière du royaume de France, notre pays va encore éprouver toutes les horreurs de la guerre, de la peste et de la famine. Si le souvenir des lugubres invasions d'antan s'est un peu éteint dans la nuit des temps, celui de la guerre de Franche-Comté est resté encore vivace, quoique un peu obscur. Pour en raconter l'histoire les documents abondent, on n'a que l'embarras du choix et le regret de ne pouvoir les reproduire tous. Naturellemeut Français et Comtois rapportent les faits chacun à leur avantage, mais le fond et le résultat sont identiques.

Il est toujours utile de tenir compte de l'état d'esprit de l'époque. — Les guerres de religion étaient apparemment apaisées, mais les ambitions n'étaient pas assouvies; bien des ligueurs qui avaient assisté le roi d'Espagne, entre autres les Joyant, s'étaient retirés en Comté; d'autre part nombre de seigneurs français s'étaient alliés à des comtoises, et réciproquement, aussi ces derniers possédaient-ils des domaines dans les deux pays, et souvent l'influence des femmes fut grande dans le choix des alliances.

Ajouter qu'à la suite d'unions royales et princières très habiles, la maison d'Autriche était devenue une puissance formidable en Europe.

***

Henri IV, après la pacification de son royaume, était trop perspicace pour ne pas voir le danger extérieur — (Certains, des Comtois surtout, ont voulu voir en ce fait l'influence de Gabrielle d'Estrées); — surtout le roi n'avait pas oublié l'ingérence ambitieuse en France du roi d'Espagne, au temps de la Ligue.

Les courses en Franche-Comté de ses lieutenants, Tremblecourt, d'Assonville et autres, n'étaient que le prélude d'une guerre interrompue par la mort tragique et prématurée d'Henri IV et les inconséquences de la minorité de Louis XIII.

A peine arrivé au pouvoir le cardinal de Richelieu écrivait cette lettre fameuse : « Le roi ne veut plus être amusé, il a « changé de ministère et le ministère a changé de « maxime... »

C'était pour la France un adversaire redoutable que cette maison d'Autriche qui, à la tête de deux grands empires pesait sur l'Europe. Tandis que le roi d'Espagne, maître des trois quarts de l'Italie, des Pays-Bas, de l'Artois, de la Franche-Comté, nous enserrait de toutes parts, sans compter les richesses qu'il tirait d'Amérique, son cousin, empereur d'Allemagne, maître de la Bohême, de l'Autriche, de la Hongrie et de leurs annexes venait encore d'accroître sa puissance. » (Barrau).

En ce qui concerne la Franche-Comté, nous rappellerons qu'elle avait déjà appartenu à la France, mais n'étant pas un fief masculin, elle était tombée de lance en quenouille.

Nous ne pouvons résister au désir de faire quelques emprunts à l'ouvrage de Jean Boyvin, conseiller au Parlement de Dole, concernant le siège de cette ville, *édition datant de 1637*, d'autant plus que cet ouvrage de 306 pages sans compter les appendices, est devenu excessivement rare et fourmille de détails très piquants sur le début de la guerre.

« La Franche-Comté de Bourgogne, écrit Jean Boyvin, que « les anciens appelaient le pays des séquanais, est une pro- « vince plus grande en sa réputation qu'en son étendue. Sa « figure qui approche de l'ovale ne porte en sa longueur que « trente-six à quarantes heures de chemin, dix-huit ou « vingt en largeur. Elle a pour confins du costé du soleil « levant le mont Jura, duquel elle embrasse la moitié jusques « à ses plus hautes crestes qui la séparent de la Suysse et de « la Savoye; devers le soleil couchant, elle n'a point de « limite plus remarquable, pour la distinguer de la duché « de Bourgogne, que les environs de la rivière de la Saône, « qu'elle outre-passe néanmoins de trois à quatre lieues et « en d'autres ne l'atteint pas d'une ou deux lieues près ; au « midi elle a les Bressans, autrefois Sebusians pour voisins, « et au septentrion, le mont des Vosges, qüi par ses som- « mités borne la Lorraine et l'Alsace et les contrées de « l'Allemagne — Elle n'a rien de commun avec la France « que langage et l'habit que le voisinage et le commerce lui « rendent plus familier par l'esloignement des objets de « celuy des autres peuples de l'obéissance de son souverain.»

«...La bonté et la justice de ses princes ont conservé à cette « province, sans atteinte, l'ancienne immunité de toutes « tailles, gabelles et subsides dont elle jouit, et qui a imposé « le nom de *Franche,* duquel elle est signalée de toutes les « provinces d'Europe. »

...« L'empereur Charles cinquième – (Charles-Quint... a « fait voir qu'il ne devait rien à la fortune des favorables « succès de ses hautes entreprises, avait bien reconneu que « la France muguterait toujours un héritage si advenant « à sa bienséance et s'efforcerait d'enrichir son manteau « royal de cette bordure...»

Conseils de Charles-Quint *à ses successeurs :*

« Il y a seulement en ces quartiers là, la Comté de Bour« gogne qui est tant esloignée et escortée de nos autres « estats, qu'il serait trop malaisé et de trop grande dépense « de la secourir dès iceux. C'est pourquoy j'ai toujours « treuvé bon, pendant les guerres passées, qu'elle trestat et « s'entretestinst en neutralité avec les Français, et que l'on « favorisat la ligue héréditaire de la Maison d'Autriche avec « les Suysses, en laquelle ce pays est compris...

« C'est ainsi qu'il conviendra en user en cas de rupture...

« ...D'autant que cette Comté est le plus ancien patrimoine « de la Maison de Bourgogne, et est assiète fort avantageuse « pour endommager les Français en cas de rupture selon « les occurences... »

Nous ne suivrons pas *Boyvin* dans ses dissertations sur les traités de neutralité, trop souvent renouvelés pour être sincères, et sous la protection desquels la Franche-Comté dormait en paix, etc., etc.

Ne pas oublier que Dole était alors la capitale de la Comté et que Besançon ne devint chef-lieu de cette province que sous Louis XIV (1674).

Le Parlement de Dole avait charge presque complète, de la part de ses princes, du gouvernement de la Comté. Les conseillers de ce Parlement, dont l'outrecuidance trouvait mal que Louis XIII les appelât « Chers et bien aimés » au lieu de les traiter de « Messieurs » comme par le passé, étaient plus habitués à entendre les doléances des plaideurs que la foudre puissante du canon. Le réveil fut cruel : les cadres de défense étaient sur le papier, mais si peu de capitaines avaient leur contingent prêt !

Rappelons enfin que le duc Charles de Lorraine, esprit léger et turbulent, se trouvant en délicatesse avec son parent et son suzerain, le roi de France, avait pris parti pour la Maison d'Autriche, ce qui était était une grave complication.

***

La France semblait tranquille; six années avaient suffi à Richelieu pour se rendre maître de la noblesse et des protestants. Il tourna dès lors vers l'Europe son incessante activité et reprit l'œuvre inachevée d'Henri IV.

Alors sévissait en Allemagne la guerre de trente ans, presque aussi néfaste pour elle que fut celle de cent ans pour la France.

Presque tout le nord de l'Allemagne avait embrassé le protestantisme, tandis que le sud etait resté foncièrement catholique, d'où les luttes de religion, les plus exécrables de toutes.

Il y eut la période palatine (1618-1625), la Danoise (1625-1629), la Suédoise (1630-1635), enfin la Française (1635-1648).

Richelieu, tout cardinal qu'il était, suivait avec le plus vif intérêt un événement qui servait ses dessins. Il s'était d'abord contenté d'envoyer des subsides aux protestants, puis appela à leurs secours Gustave Adolphe, roi de Suède, ce roi de neige que devaient faire fondre les rayons puissants du soleil d'Autriche. Ah ! il fit payer ces fanfaronnades ; malheureusement il mourut en héros au champ d'honneur, enseveli dans son triomphe à la bataille de Lutzen (1632). Richelieu, privé de ce levier puissant, ne faiblit pas ; au risque d'un grand scandale, il se déclara pour les Allemands opprimés, et s'attacha Bernard de Saxe-Weimar, lieutenant de Gustave-Adolphe. Ses troupes étaient composées de Suédois, mais surtout d'Allemands ; en souvenir de Gustave-Adolphe, l'histoire les reconnait d'ensemble sous le nom de Suédois.

Bernard de Saxe conquit l'Alsace ; quant aux Français, ils s'étaient emparés de la Valteline. Ces deux conquêtes isolaient l'Allemagne de l'Espagne, lesquelles, par d'habiles dispositions diplomatiques s'étaient auparavant ménagées des voies faciles en pays étranger pour leurs relations commerciales et guerrières.

Malgré les assurances réciproques de fidélité aux traités, depuis quelques années tout présageait la guerre ; déjà, par petits groupes, les partisans désolaient les frontières, et comme complication suprême, une peste qui dura plusieurs années, décimait les populations de la contrée.

II

Débuts malheureux. — Prise de Corbie et patriotisme des Parisiens couronnés de succès. — Bernard de Saxe et Caumont sur la frontière. — Siège de Dole. — Désarroi en Comté. — Chefs d'armée presque en contact.

Le 19 mai 1635, Louis XIII déclara la guerre au roi d'Espagne et à l'empereur d'Allemagne. Le roi de France avait alors sept armées sur pied et deux flottes.

Richelieu, dans sa haute conception, avait tout prévu : Il avait fait raser dans nos pays, à la grande satisfaction du peuple, la plupart des vieux châteaux-forts qui restaient encore sur la frontière, n'en exceptant que quelques places vraiment stratégiques ; de la sorte il n'était pas obligé d'éparpiller inutilement ses armées, préférant les conserver compactes.

Et cependant les débuts de la guerre ne furent pas heureux, la France eût à subir deux invasions : la première, celle des Espagnols qui, à la suite de quelques succès, s'emparèrent de Corbie, sur la Somme, à trente lieues de Paris, (15 août 1636).

Le patriotisme des Parisiens sauva la France ; en quelques jours 40.000 soldats sont prêts à marcher ; Louis XIII et Richelieu sont à leur tête. Corbie est repris peu après, l'ennemi repoussé.

Détail typique : quand la France était en guerre avec 'Espagne, qui est au Sud, le Nord du royaume était le principal théâtre des combats, conséquence des riches provinces que possédait cette nation dans les Pays-Bas.

La seconde invasion fut celle des Allemands, Espagnols, Croates, etc., conduits par Gallass.

Nous l'avons déjà dit, le sentiment d'une guerre prochaine régnait partout ; la famine et la peste l'avaient précédée et sévissaient lugubrement. Les abris des pestiférés se comblaient, les maisons barrées, suspectes du fléau et marquées d'une sinistre croix noire, se multipliaient. Comme complication, avant même l'ouverture des hostilités, voleurs et mécréants s'étaient portés à la frontière en attendant la curée, agissaient par bandes, interceptant les chemins, volant, violant et répandant la terreur autant en France qu'en Comté.

MM. du Parlement de Dôle estimaient aveuglément que la Province pouvait se suffire. Mais le duc Bernard de Saxe-Weimar, avec cinq ou six mille fantassins, douze mille chevaux et quatorze canons était à Darney, pendant que Caumont, marquis de la Force, avec une armée aussi puissante, s'étendait de Neuchateau à Melay, surveillant les villes de La Mothe, Jonvelle, Lure, Luxeuil et autres, soit le Nord de la Comté. Contre ces derniers, Gallass envoya quelques régiments sous les ordres de son lieutenant Lambloy. Ces auxiliaires étrangers ne tardèrent pas à donner la mesure de ce qu'on pouvait en attendre ; agissant comme en pays conquis, ils firent trembler la Province.

En Comté, l'alarme est grande, les capitaines ne peuvent recruter leurs compagnies imprudemment licenciées, les volontaires font défaut par suite de la peste, les rétrahans ne peuvent ou ne veulent s'acquitter de leur service, les mandements du Parlement contrecarrent trop souvent les décisions sages de la défense. Il serait trop long de rapporter les courses militaires, la prise et reprise des châteaux qui avoisinaient la frontière comtoise.

C'est alors que le prince de Condé vint faire le siège de Dôle. Messieurs du Parlement se sentirent alors *personnellement* en danger imminent : ils implorèrent le secours du Cardinal Infant, le frère unique du roi d'Espagne, gouverneur alors des Pays-Bas ; ils s'adressèrent avec instance à l'empereur d'Allemagne, Ferdinand II. Ce dernier avait une ambition paternelle à satisfaire : cette démarche servait ses desseins. Il envoya l'armée de Gallass aux Comtois.

Pour l'intelligence de ce qui va suivre, il est peut-être utile de signaler les chefs des armées qui vont se trouver en contact. Voici ce que Macheret nous apprend dans son article : « Grande armée en ce pays de part et d'autre. »

Armée ennemie

Charles de Lorraine. — En querelle avec son cousin et suzerain, Louis XIII, le duc s'était allié aux ennemis de la France, et guerroyait par vengeance pour la défense de ce qui lui restait de son Duché. Son lieutenant, *Clinchamp*, dévasta le Bassigny, poursuivit ses incursions jusqu'à Langres et au delà.

Le comte *Mathieu de Gallas* était général en chef des armées impériales.

Lamboy, sergent de bataille des armées impériales, major général.

Forkaz, général des Croates, sujets du roi de Hongrie.

Mercy, commandant des troupes envoyées par le Cardinal Infant d'Espagne.

Le seigneur de *Ville-sur-Illon*.

A la suite de cette série de chefs étrangers, n'omettons pas de mentionner les noms des vaillants capitaines comtois, dont l'héroïque patriotisme doit faire oublier certains excès : de Mandre, marquis de la Baume Saint-Martin, Jean de Varods père, Bauffremont de Scey, Cléron de Voisey, etc..., mais Faulquier d'Aboncourt, J. Varods Magny, dit le *Gaucher*, etc., furent des véritables forbans sur terre ; Bresson, de Jonvelle, pourvoyeur d'armée, n'aurait pas laissé non plus très bon souvenir.

Armée Française

Macheret, dans son article rappelé ci-dessus dit :

« Le roi de France, pour faire tête à la susdite, ordonna « trois corps d'armée, celle du Cardinal de la Valette, com- « posée de vingt mille hommes, celle du duc Bernard de « Saxe-Weimar, appelée armée suédoise, composée de « quinze mille hommes, et celle du seigneur de Vaubécourt, « composée de six mille hommes. »

Nous avons dit que le 18 mai 1636, le vieux Condé vint assiéger Dôle, capitale de la Province, pendant que Caumont de la Force et Bernard de Saxe-Weimar surveillaient la frontière du bailliage d'Amont (Nord).

Le siège de Dôle traîna en longueur. Condé commit de graves fautes et fut même accusé d'avoir reçu des assiégés des bouteilles, non remplies de vin, mais de sonnantes pistoles ; Gassion, son lieutenant, était lui-même stupéfait de sa manière d'agir. Après quelques attaques languissantes, il leva le siège le 14 août 1636, peut-être contraint par l'approche du duc de Lorraine et des troupes de Gallass, peut-être aussi rappelé par les ordres du roi. Toutefois ses contemporains sont très sévères à son endroit.

Caumont et Weimar s'étaient portés sur le Rhin pour s'opposer à la marche des impériaux, qui menaçaient les places fortes d'Alsace.

Les Comtois du bailliage d'Amont respirèrent un peu en voyant s'éloigner ces deux généraux ; ils attendaient leur délivrance de Gallass. grande fut leur déception ! Notons que les chaleurs tropicales de cette année avaient ravivé le fléau de la peste, et ceux qui avaient fui par prudence rentraient dans les villes, sacrifiant leurs vies à la sécurité de leurs familles.

III

ARRIVÉE DE GALLASS. — RAPINES DE SON ARMÉE. — PREMIERS CHOCS DE COMBAT. — CONSEIL DE GUERRE A LANGRES. — RUINE D'HORTES. — CONSEIL DE GUERRE SUR LA MONTAGNE DE MOREY. — SIÈGE DE ST-JEAN-DE-LOSNE. — DÉSASTRE ANÉANTISSANT EN PARTIE L'ARMÉE DE GALLASS. — RETRAITE LAMENTABLE EN COMTÉ.

Gallass arrivait par Brisach ; son séjour en Franche-Comté et en France ne dura que de la fin du mois d'août 1636 au 21 janvier 1637 ; mais que de larmes, que de sang, que de ruines pendant cette courte période,

Des influences militaires comtoises cherchaient à persuader au feld-général de pénétrer en France aussi promptement que possible, lui indiquant son chemin le plus court pour se déverser sur le Bassigny. Celui-ci, qui avait ses ordres secrets, feignit d'accepter, tout en agréant une compensation en nature et en argent ; cette satisfaction obtenue, il se dégagea en disant qu'il lui était plus prudent de traverser la Province dans toute sa longueur, prétextant que la démonstration militaire française n'était qu'une tactique, ce qui était un peu vrai, et que le bailliage d'Aval (sud) était seul en danger.

Essayons de dire ce qu'était cette armée de secours envoyée aux Comtois :

MACHERET dit, dans son article : « Grande armée en ce pays de part et d'autre » :

« ... Tout le gros de l'armée tant Allemands que Croates « firent plus de quarante-cinq mille hommes effectifs, bons « et généreux soldats, sans y comprendre la menuaille ou lie « de l'armée, composée de quantité de volontaires, femmes, « filles de guerre, laquais, pourvoyeurs et autres de tel genre « qui faisaient encore plus de trente mille bouches, le « tout sous la conduite des sieurs généraux suivants : Comte « Mathieu de Gallass, etc. (Voir ci-dessus).

COUDRIET et CHATELET, auteurs de l'histoire de Jonvelle,

auteurs comtois, empruntent beaucoup à GIRARDOT, de Nozeroy, contemporain de MACHERET, et disent :

« Cette armée, tant cavalerie qu'infanterie se montait « à vingt-cinq mille hommes environ, Allemands, Hongrois, « Croates, trainant avec eux bagage immense et une « multitude de valets, de vivandiers et de femmes une fois « plus nombreuse que les soldats effectifs. Beaucoup de ces « femmes étaient instruites au maniement des armes et « figuraient dans les régiments... sous les ordres de Gallass.

Cette armée cosmopolite n'était pas sans besoins ; les appétits les plus divers se donnaient large mesure dans un pays où nul n'avait d'intérêt personnel. Gallass disposait ses camps avec un luxe exagéré et une désinvolture inouïe.

Laissons la parole à CHATELET, toujours très documenté :

« Quoique munitionnés de viande et d'autres vivres par le « commissaire Bresson, les impériaux chassaient devant eux « des troupeaux entiers de bœufs, de vaches et de moutons « enlevés de toutes parts. Fuyant leur approche, les « habitants des rives de la Saône s'étaient réfugiés, avec leur « bétail, comme leurs ancêtres, au sein des profondes « forêts qui couvrent leurs plateaux et leurs versants... Mais « cet asile était cette fois trop voisin des marches et des « stations allemandes pour ne pas être violé ; aussi les mal- « heureux paysans traqués de toutes parts, éprouvèrent-ils « les cruautés et les rapines commises partout sur le passage « de ces gendarmeries étrangères... »

« Gallass ne fut pas longtemps maitre de contenir son « monde dans cette conduite de ménagements que le roi « de Hongrie et le cardinal Infant lui avaient si expressé- « ment prescrite : dès son arrivée sur la Saône, tout le pays « ne fut plus qu'une libre curée pour cette immense « multitude.

« ... Il n'en pouvait être autrement avec une armée sans « solde, avec des gens que la seule avidité du butin attirait et « retenait sous les enseignes. En effet, les souverains « allemands, n'ayant pas de moyen de payer des armées si « nombreuses, leur entretien se prenait en campagne sur le « territoire ami ou ennemi. Pour trouver des vivres, la « soldatesque courait dans le pays par grosses parties com- « mandées, enlevant de gré ou de force tout ce qu'elles « trouvaient à leur convenance, brûlant les villes et les « villages qui leur résistaient, traquant les bois, forçant les « châteaux et les maisons fortes, mettant les habitants à la

« torture, soit pour leur extorquer des rançons, s'ils étaient
« de condition aisée, soit pour obtenir la révélation de
« richesses cachées, s'ils n'étaient que de pauvres misérables.
« Le profit de ces rapines maraudeuses était apporté aux
« chefs qui en laissaient une partie au menu soldat, et
« gardaient le reste pour fournir à leurs tables somptueuses,
« à leurs habits luxueux, à leurs magnifiques équipages...

Le Parlement de Dole s'émût, il fit d'humbles remontrances à Gallass, mais quand il écrivait au cardinal Infant ou au roi de Hongrie il cachait la vérité sur ces abominables alliés, dont il espérait toujours le salut.

Nous avons dit que Gallass avait voulu descendre la Franche-Comté du nord au sud. Les troupes françaises envoyées au nord comme avant-garde n'étaient pas restées inactives; quand le feld général, passant par Brisach, était entré dans la Province, elles suivirent parallèlement son armée en évitant les grands combats, mais se permettant des pointes hardies en pays ennemi; celle du vicomte de Turenne à Jussey a laissé un dur souvenir dans cette ville, et cependant quel chef d'armée fut plus humain que lui!

Le contact permanent pendant plusieurs semaines entre deux armées ennemies rendait fatal un conflit prochain; aussi avons-nous à enregistrer presque chaque jour des faits d'armes fréquents et souvent décisifs.

Un matin, fin août 1636, le duc de Saxe-Weimar attaqua près de Coublanc l'avant-garde de Gallass, lui tua plus de huit cents hommes et lui prit quinze cents chevaux qui furent amenés en France.

Le 7 septembre 1636, les chefs d'armées françaises devaient se réunir à Langres pour tenir conseil de guerre. Weimar et le cardinal de la Valette, accompagné du vicomte de Turenne, s'y étaient rendus, mais on attendait le prince de Condé.

Le 8 septembre, même attente, et Weimar dans son impatience ne put s'empêcher de dire : « Le retard que nous « faisons ici coûte au Roi, mon maitre, plus de cent mille écus par jour. » Enfin Condé arriva dans la soirée. Le lendemain, mardi, les généraux tinrent conseil à l'évêché, et il fut convenu que les avant-garde seraient postées à Coublanc, Bussières, Poinson et Pressigny.

Bernard de Saxe avait deviné juste; le retard de Condé, l'insuffisant assiégeant de Dôle, avait tout perdu, et quand on voulut mettre à exécution les résolutions prises, les postes désignés ci-dessus étaient en partie occupés par des troupes de l'armée ennemie, commandées par Mercy et Forkaz.

Désarroi chez les Français : Weimar prend ses quartiers aux Coiffy, Laferté-sur-Amance, Bourbonne, avec ses suédois qui se conduisent en brigands, de Lavalette se fixe dans les environs de Montsaugeon, tandis que Condé s'en retourne à Dijon avec 200 chevaux.

« Environ le 20 septembre, l'armée ennemie, tant impé-
« riale que comtoise et espagnole ayant trouvé résistance
« aux susdits villages de Coublanc, Bussières et le Fayl-
« Billot, parce que icelles communautés s'étaient roidies et
« retranchées entre eux, les pressèrent avec tant de violence
« qu'ils les contraignirent à tout quitter, et y en eut très
« grande quantité de tués de part et d'autres, l'ennemi ayant
« brûlé une bonne partie des trois villages et fait de très
« grandes cruautés *que je n'ose exprimer pour l'horreur*
« *qu'elles ont.* » — (Macheret).

Des remparts de Langres, on suivait avec effroi la marche de l'ennemi à la lueur des incendies.

Briffaut, dans son Histoire de Fayl-Billot dit qu'après la ruine de Coublanc et de Bussières, Gallass vint établir son quartier général à Fayl-Billot, et il ajoute : voici ce que nous lisons à ce sujet dans les archives de la ville :

« On n'avait pu semer que quelques seigles, d'autant que
« l'avant-garde du général Gallas, entra dans ledit lieu de
« Fayl-Billot le 24 de septembre 1636. Les corps de l'armée
« et l'arrière-garde suivaient immédiatement après. Leur
« séjour fut de six semaines entières, durant lequel temps
« ne resta qui que ce fût au dit lieu qui ne fut tué ou
« emmené. Les grains et le bétail furent consumés ou enle-
« vés, et tous les habitants qui étaient sauvés dans les bois,
« les rochers ou villes voisines, fort peu restèrent en vie. La
« peste, la dizette en firent mourir la plupart. Ceux qui
« retournèrent au Fayl n'y trouvèrent que des restes de
« bâtiments incendiés, des cadavres et des charognes,
« lesquels infectaient l'air ; de bétail et de grains, en aucune
« façon ». — (Briffaut).

Chatelet dit que le 14 septembre 1636, Gallass, qui avait couché à Lavigney, fit une pointe sur Fayl-Billot, qui éprouva les malheurs d'une ville prise d'assaut, et que les villages de cette lisière française (Savigny compris) n'eurent pas meilleur sort.

Champlitte n'était pas une place à dédaigner ; un chef français, très probablement de la Valette, essaya de prendre cette ville le jour même du sac de Fayl-Billot, 14 septembre. La cité résista, quoique dépourvue de garnison, le magistrat de cette ville ayant refusé d'en recevoir. (Matherot et Brun). — 12 et 13 septembre.

Bien noter que cette résistance eut un résultat immense : elle permit aux impériaux de tourner ou de franchir la montagne de Morey-Bourguignon et d'arriver par Farincourt, Fouvent, Roche, par tous les passages et d'être, le 16 septembre, devant Champlitte. A la hâte les Français se replièrent sur Langres, et le 17 septembre, Gallass avait son quartier général aux Augustins de Champlitte. Et comme toujours la marche de son armée était marquée par l'incendie qui la suivait, car ces nouveaux Vandales, après des excès de toutes sortes, ne laissaient rien derrière eux.

A en juger par ce qui précède, Gallass avait su habilement profiter d'avantages inouïs tout en ménageant son armée, mais la situation française était devenue précaire dans notre contrée. Lamboy, qui était toujours à Jussey, continuait à désoler la Comté, tout en poussant des pointes hardies en France, entre autres sur le château de Pressigny, où étaient d'abondantes munitions et fournitures de toutes sortes.

Mais laissons la parole à messire Clément Macheret, et à son précieux Journal, où tous les auteurs contemporains ont si abondamment puisé et relevé des faits palpitants déjà ensevelis dans l'éternel oubli.

Macheret aimait son berceau ; né à Hortes, il en devint curé ; rien d'étrange qu'il narre avec émotion tout ce qui concerne son village. Au reste son récit, sauf quelques variantes, peut s'appliquer aux trop nombreuses localités qui éprouvèrent les mêmes angoisses et les mêmes désastres.

« Ruines d'Orthes par l'armée espagnolle. »

« L'an susdit 1636, le mardi 23 septembre, certains esca-
« drons de Croates avec autres soldats du parti impérial et
« espagnol parurent sur le finage d'Orthes et de là vinrent
« jusqu'au dessus de la rue, proche de la petite église qui
« était au bas du village, lesquels furent assez bien repoussés ;
« environ trois heures après parurent douze cavaliers qui
« furent contraints de quitter, pourtant reçurent la courtoisie
« de quelques bouteilles de vin qui leur furent portées hors
« l'entrée du village.

« Le lendemain, 24 septembre, les soldats Croates vinrent

« quasi au nombre de quatre cents du côté de Rosoy et
« prirent les bêtes à cornes et trois mille tant moutons que
« brebis ; en outre ils voulurent voir la résolution des
« paysans pour maintenir leur garde, lesquels ne furent pas
« forcés en leurs dites gardes et barricades. Les habitants
« promirent de donner rançon, de ne rien réclamer du bétail
« enlevé, de mettre bas les armes et de s'absenter afin de
« donner libre entrée au village ; l'ennemi par contre s'en-
« gageait à ne pas incendier le pays ni y faire de prisonniers.

Cette timide composition ne fut pas goûtée de tous et la résistance fut résolue. Témérité sans nom !

...« Le 25 septembre 1636...., environ les neuf heures
« du matin, la susdite armée venant à sa proie suivant les
« accords de la veille et se croyant rafraîchir, vint quasi au
« nombre de quatre mille, tant en armes que suivant le
« bagage, et marchant en corps d'armée depuis Rosoy
« jusqu'à Orthes, laquelle étant approchée des barrières
« et filant la rue du pont arrivèrent jusqu'auprès de la halle,
« d'où ils se distribuèrent facilement dans tous les quartiers.
« Ceux du village se voyant perdus et la proie de leurs
« ennemis déchargèrent sur eux environ douze coups de
« fusil et en blessèrent ou tuèrent plusieurs ; quoi considéré
« que les dits ennemis brûlèrent deux rues, celle de la rue
« du pont, en allant à Rosoy, et celle de dessous l'église, afin
« que par derrière ils puissent étouffer et perdre de fumée,
« ceux qui étaient à l'église, ce qu'ils firent, car le feu fut si
« grand qu'il brûla le clocher et le toit de la nef de la dite
« église où il y avait plus de quatre cents personnes. Les
« ennemis voyant que les habitants ne se voulaient rendre,
« gagnèrent la galerie qui était au-devant de la grande porte
« et commencèrent à démurer le dit portail et ayant troué
« quelque peu tirèrent si grandes mousquetades qu'ils
« renversèrent ceux qui étaient propres à la défense du bas
« de l'église, et entrant par force, leur sabre et coutelas à la
« main, firent un si grand carnage qu'ils tuèrent tout ce qu'ils
« eurent à leur rencontre, puis mettant le feu au bas de
« l'église, ils brulèrent tout... Cependant ceux qui étaient
« sur la voûte se défendant du feu qui les pressait, tant par
« dessous qu'à côté, ne laissaient pas de tirer continuellement
« et n'épargnaient pas non plus leurs ennemis ; ils en tuèrent
« environ deux cents, ce qui anima tellement les généraux
« de cette armée qu'ils brulèrent quasi tout le village et
« tuèrent tous ceux qu'ils rencontrèrent, même jusqu'aux

« petits enfants. Il y en eut de ceux du village de tués plus
« de quatre cents, tant à l'église qu'ailleurs et entre autres
« plus de quarante enfants qui étaient réfugiés au bas de
« l'église furent brûlés et ensevelis dedans les susdites
« misères, desquels partie des corps furent trouvés quatre
« jours après, savoir tantôt une jambe, un bras, une tête,
« une cuisse. d'autres à demi-brûlés, toutes lesquelles par-
« celles que le sieur Nicolas Jolyot, curé du dit lieu ramassa
« lui-même et les enterra en une grande fosse ronde quasi
« au milieu du cimetière... (Macheret).

Revenons à notre principal sujet.

De combats sérieux il n'y en avait encore pas eu, et le généralissime Gallass laissait paitre en paix son ignoble troupeau, tant en Comté que sur les terres françaises et frontières, où il avait installé ses bataillons ; sa situation stratégique lui permettant d'agir librement, car son armée occupait tout le pays comtois de Jussey à Gray et la frontière du Langrois, de l'Amance à la Vingeanne. Après plusieurs semaines le pays était épuisé et il fallait songer à un autre campement : alors on dût tenir un conseil de guerre.

Cette réunion eut lieu au château de *Suaucourt*, à la fin d'octobre 1636. Y assistaient Gallass, le duc de Lorraine, les de Scey, de Ville-sur-Illon, etc.

Les avis furent partagés ; le duc de Lorraine et les comtois estimaient qu'il était plus habile de se diriger sur Langres, dut-on perdre quinze-mille hommes dans un assaut général. C'était un avis intéressé. Gallass et d'autres ne pensaient pas ainsi, et tous ces chefs gravirent la montagne de Morey et s'arrêtèrent sur le territoire de Bourguignon en un endroit qui a pris le nom de cet évènement que le patois a travesti.

Gallass braqua sa lunette d'approche, découvrit Langres et ses défenses mieux qu'il ne l'avait vu lors de sa course à Fayl-Billot. L'instrument lui tomba des mains : « Laissons Langres, dit-il, et partons sur Dijon. » Cet avis du maître prévalut.

Rappelons encore cette observation de Macheret :

« Faut noter que depuis le 15 octobre jusqu'à la fin de
« cette année 1636, les Suédois et les Croates n'ont presque
« point manqué de courir chacun le parti contraire avec très
« grande ruine du pays et perte de plusieurs villageois,
« lesquels villageois jouant de leur reste furent contraints
« de tenir les bois pour la plupart, et sans acception de parti

« tuaient Suédois, Croates à toute rencontre. D'autres, dans « les moulins et grands chemins faisaient de même, si bien « qu'en peu de temps ils en déstrarpèrent un grand nombre. »

La décision du conseil de guerre fut promptement mise à exécution, d'autant plus que, grâce aux circonstances, le feld-général avait une avance réelle et certaine.

« La susdite armée de Gallass avançant du côté de la « Bourgogne prit Fontaine-Française et en fit son poste, et « de là alla à Mirebeau, pris par les siens, et brûlèrent tous « les villages circonvoisins, firent un très grand dégât de « tout ce qu'ils eurent à rencontre, pendant que les généraux « de la dite armée étaient encore à Suaucourt. » (Macheret).

« Les ennemis se livraient à tous les genres de crimes. A « la prise de Pontailler (Côte-d'Or), les hommes, femmes et « enfants sont passés au fil de l'épée. A l'attaque de Selongey, « deux filles s'armèrent de tisons ardents pour défendre « leur honneur ; après une courageuse résistance, elles font « leur retraite vers un routoir profond et s'y précipitent se « tenant par la main. » (Histoire des évêques de Langres).

Des avantages acquis précédemment, Gallass pouvait tout espérer ; selon les ordres de ses souverains, il avait prudemment ménagé son armée, évitant avec soin tout combat inutile, et à peu près tranquille sur les forces françaises déséquilibrées, il se sentait le maître absolu de l'issue de la campagne ; il dirigea alors ses bataillons sur St-Jean-de Losne.

***

St Jean-de-Losne est un chef lieu de canton de la Côte-d'Or ; il faisait alors partie de l'évêché de Langres. Cette petite ville à peu près démantelée et sans garnison soutint le choc de l'attaque, avec le téméraire patriotisme des habitants qui, à en juger par les précédents, ne s'illusionnaient pas sur le sort qui les attendait. Mais Gallass avait compté sans la protection divine qui n'a jamais fait défaut à la France, non plus que sur le général l'hiver, ennemi invincible et insaisissable : mais laissons la parole à Macheret :

« Gallass et son armée n'y trouvèrent pas leur compte, « car ayant attaqué la petite ville de St Jean-de-Losne et la « pensant emporter d'assaut, laissèrent tant de leurs Croates « dans la Saône et aux environs que l'on eut bien fait un « pont pour passer la dite rivière (la Saône) aux plus grandes « eaux de l'hiver ; et ce qui fit encore mieux, pour les

« assiégés fut que le comte de *Rantzau*, maréchal de camp, « par une gentille invention (diversion), ayant passé la Saône « et assisté de plus de quinze cents cavaliers, alla donner « en queue à nos ennemis, lesquels ne l'attendaient pas, fit « en leur armée ce que l'ange exterminateur fit en l'armée « de Sennachérib, et mit par terre ceux qui n'avaient pas eu « le loisir de se noyer dans la Saône ; ainsi finit le siège de « St Jean-de-Losne, lequel n'eut pas le temps d'éclore une « semaine..... » (Macheret).

L'été avait été excessivement chaud, l'automne très clément avait servi un soleil radieux, lorsque fin octobre 1636 de gros nuages s'accumulèrent et déversèrent des pluies torrentielles. Tous les affluents de la Saône grossirent rapidement et, comme dans un effort commun, se déversèrent simultanément dans la rivière principale. La Saône déborda démesurément, inondant les plaines où l'armée ennemie était campée : Gallass devait voir sombrer son prestige et sa gloire militaire au confluent de la Saône et de Tille, y laissant nombre des siens, bagages, canons, munitions, etc.

« Il était plus que temps pour Gallass d'effectuer son plan « de retour, déjà bien décidé à l'avance. Le mot d'ordre fut « lâché aux premières pluies. On allait battre en retraite et « prendre ses quartiers d'hiver en Comté... De Mandre chef « comtois, courut porter à la cour cette décevante nouvelle « qui fit crier à la trahison ! ». — (Coudriet et Chatelet, Histoire de Jonvelle).

La Cour, dans la crainte de la peste, avait quitté Dôle et s'était retirée à Salins. Le premier moment de stupeur passé, elle avait commandé aux quelques compagnies dont elle pouvait disposer de s'opposer au retour des impériaux.

Dès le 3 novembre 1636, le feld-général avait décampé avec les débris de son armée. Ce qui restait des paysans qu'il avait ruinés, le harcelèrent de toutes parts ; l'armée française qui alors avait beau jeu, agissant de retour le pressait de près, mais ne franchit guère la frontière.

Le 14 novembre 1636, sur le point de rentrer dans la province pour y prendre ses quartiers d'hiver, il écrivit à la Cour de les lui assigner, tout en dissimulant son désastre et et feignant d'ignorer, ce qui était peut être vrai, la décision déjà prise contre lui et contre ses troupes.

Pour le retour, Gallass ne suivit pas le même chemin qu'à l'aller, sachant fort bien qu'il n'avait rien laissé derrière lui ; s'appuyant plus au sud, il rentra en Comté par le pont d'Apremont (canton de Gray), n'ayant plus que la moitié de son monde et de ses bagages.

Notons en passant que COUDRIET et CHATELET, si bien documentés, sont, comme comtois, un peu sobres sur le désastre des impériaux à St-Jean-de-Losne.

IV

ETAT GÉNÉRAL APRÈS LA RETRAITE DE GALLASS ; SES DERNIERS EFFORTS, SA DISPARITION

Nous avons dit que l'armée française avait arrêté, à la frontière de la Province, sa poursuite contre l'armée ennemie; elle se replia sur Laferté-sur-Amance, les Coiffy, Bourbonne, etc., car là était le danger. Les places fortes de La Mothe, de Jonvelle et d'autres en Comté, bien des fois prises et reprises, étaient encore des forteresses importantes.

Cependant Gallass, tout en fuyant, voulait essayer encore quelque entreprise qui put couvrir le déshonneur de sa retraite et rendre un peu de relief à ses armes.

« De Mercy, à la tête de l'avant-garde et de trois cents « chevaux, il fit une reconnaissance sur l'armée française « en suivant la rive droite de la Saône, tandis que les bagages « filaient sur la rive gauche pour s'y mettre en sûreté.

« Mais soudain, le dimanche 16 novembre 1636, Troubardel, « général-major de Weimar, fond dès le matin sur Jussey « avec un gros de cavalerie. Les Lorrains, les Allemands, « les Croates sont taillés en pièces avant d'avoir pu se « reconnaître ni tirer un coup de mousquet. Ils prennent la « fuite laissant à l'ennemi (aux français) trois cents chevaux « et deux cents prisonniers, dont trois capitaines et un lieu- « tenant ». — (C. et CHATELET).

Les habitants de Jussey, pendant la lutte s'étaient enfuis de toutes parts ; environ deux cents s'étaient réfugiés aux Capucins. Ces derniers furent investis, et pour sauvegarder ce qu'ils avaient de plus cher, ils consentirent à payer une rançon de 14.300 francs à solder dans la semaine et livrèrent quatre otages. Mais ceux qui s'étaient enfuis plus loin, n'ayant pas consenti à la transaction précitée, refusèrent d'y adhérer ; aussi la rançon ne fut pas versée. Les Suédois, bravant le voisinage de Gallass, revinrent en force à la charge, le 24 novembre 1636, mirent cette ville à la discrétion des soldats, puis feignant une pointe sur les impériaux, par une marche habile se jetèrent sur Jonvelle qu'il prirent le 27 novembre. Par ce hardi coup de main, les Suédois se trouvaient maîtres de toutes les munitions impériales amoncelées dans cette forteresse.

A la nouvelle de la marche hardie des Français sur Jonvelle, Gallass, avec quelques régiments de cavalerie, s'était empressé de venir au secours de la place ; mais déjà trop faible pour essayer une attaque sérieuse, il était retourné à son camp, plus désireux que jamais de s'arracher à son malheureux sort.

Weimar commit une faute grave. Après avoir mis à Jonvelle une solide garnison, et se croyant sûr du reste, il s'écarta trop de la frontière, en allant prendre ses quartiers à Torcenay. Gallass était encore tout proche ; averti de ce départ, il fit un suprême effort, du 20 au 25 décembre 1636 ; il força Jonvelle et chassa les Suédois jusqu'à Bourbonne. Par ce fait seul, la Province était dégagée autant que possible.

Messieurs du Parlement de Dôle s'empressèrent de lui adresser des compliments obséquieux, l'engageant à profiter de ce mince succès pour déverser ses bataillons sur la France, comme si la chose était encore faisable.

Mais déjà son parti était irrévocablement pris ; il songeait à disparaître au plus tôt. Sans apparat il fit partir ses bataillons vers le Nord ; lui-même les suivait de près avec son armée, laissant derrière lui traînards et pillards.

En fuyant ces champs de carnage, qu'il élargit encore dans sa marche rétrograde, seul le château de St-Remy lui résista par l'habile défense du sieur de Willervaudey.

Chose étrange, à la nouvelle de cette fuite précipitée, la Comté s'émut ; on envoya à Gallass des commissaires chargés de le supplier de rester encore quelques temps avec ses troupes. Celui ci reçut avec hauteur ces envoyés ; néanmoins il consentit à leur céder quelques contingents, dans lesquels sans doute étaient compris les retardataires sus-mentionnés. Puis, résiliant ses pouvoirs, il s'enfuit avec une simple escorte le 24 janvier 1637, en repassant par Brisach, chemin par lequel il était venu le 1er septembre 1636.

De Macheret encore les notes suivantes :

« Le seigneur duc Weimar, retournant du Comté, eut pour « département Torcenay et pays d'alentour et y demeura « jusqu'au 15 décembre 1636 de la présente année, et en suite « de l'infection de son armée au dit lieu, moururent plusieurs « paysans du dit Torcenay, lesquels se pensant retirer dans

« leurs maisons les trouvèrent toutes infectées des corrup-
« tions que la guerre cause ordinairement.

« Cette année 1636 s'est finie une très grande guerre au « dehors et peste au dedans de la ville de Langres, peste, « dis-je, plus grande que l'on ne croyait à cause de l'automne « qui fut fort chaude. En cette même année le village de « Parnot, en Bassigny, fut désolé par la peste ; de 153 feux, « il n'en reste que 26. »

Gallass avait honteusement disparu de la scène, mais à la guerre allait succéder une anarchie sans nom. L'inexprimable effroi qu'avait causé Gallass et son armée expliquent qu'on ait alors, et bien longtemps après encore, ajouté aux litanies des saints :

Ab Gallass et Forkaz, libera nos Domine.

Ceux de Bourgogne, qui n'avaient vu que paraître et disparaître le feld-général, disaient :

« Malheureux comme sous Gallass ».

V

Misères inouïes. — Peste et famine. — Faits d'armes divers : Prise de Champlitte ; Courses guerrières en divers lieux jusqu'aux faubourgs de Langres

Les excès des armées commandées par Gallass ont justement attaché son nom au pilori de l'histoire : cependant il ne faut pas oublier qu'il n'était que le général de l'empereur Ferdinand II qui, dans son ambition paternelle, voulait faire couronner son fils roi des Romains, alors qu'il était déjà roi de Hongrie.

Le vieil empereur, en simulant une certaine tendresse pour la Comté, songeait moins à celle-ci qu'à l'issue de la diète de Ratisbonne qui devait satisfaire ses désirs, et en confiant à Gallass une armée, il lui avait donné, paraît-il, des ordres secrets auxquels ce dernier se soumit servilement.

***

La scène qui va suivre est aussi poignante que celle que nous venons de raconter, et bien plus cruelle encore, car ceux qui vont s'entredéchirer sont des frères par race, tout voisins, parlant la même langue, ayant mêmes gouts, mêmes traditions, mêmes besoins. Mais quelque chose les sépare : l'outrecuidance et l'impéritie des magistrats de

Dôle, qui ne savent pas comprendre une France puissante commandée par Richelieu. Pour être juste, il faut ajouter que les Comtois comptaient sagement sur l'immunité d'impôts dont jouissait la Province, car ses souverains s'en désintéressant, la Franche-Comté devait se suffire à elle-même et se suffisait.

Saluons avec respect ces vaillants capitaines comtois; leur patriotisme devait les rendre dignes de leurs preux ancêtres; il est à regretter seulement qu'ils n'eussent pas été plus nombreux.

La fidèle Comté s'était et allait encore se sacrifier pour des Maîtres trop puissants qui l'oubliaient (1). Ses doléances n'étaient guère écoutées en haut lieu, quand encore elles parvenaient à leur adresse, tandis que ces mécréants d'impériaux étaient crus par l'empereur Ferdinand, qui n'épargnait pas ses remontrances à la cour de Dôle.

La bravoure de ces gens de guerre n'allait pas plus loin que l'estomac; aussi d'ordinaire les Suédois pillaient la France, tandis que les Croates et impériaux ruinaient la Comté, et pour tous il y avait moins de danger d'agir ainsi; aussi que d'horreurs, que de sang !

Au milieu de mille faits analogues, nous relevons dans l'histoire de COUDRIET et CHATELET l'épisode suivant :

« Les habitants de Vellexon, Dampierre, Savoyeux, etc.,
« (neuf villages), s'étaient retirés avec leur bétail derrière une
« colline, dans une île de la Saône appelée la Vaivre d'Autet,
« comme dans un asile plus assuré que des murailles. Vain
« espoir ! Pendant une nuit obscure, cavaliers, fantassins et
« Lorrains passent à la nage le bras de la rivière, et poussant
« des cris furieux, se ruent sur une multitude impuissante
« qui leur tire bien quelques coups de mousquet dans l'eau,
« mais sans pouvoir empêcher l'abordage. Alors commence

---

(1) On connaît cette fière devise que l'on prête aux Comtois.

Comtois, rends-toi?
Nenni, ma foi !

Rappelons également d'un mot que Bourguignons et Comtois étaient les uns et les autres les anciens sujets du vieux royaume de Bourgogne.

Le duché de Bourgogne était un fief masculin qui, à la mort de Charles le Téméraire, revint à la France sous Louis XI.

Le *Comté* de Bourgogne — (la Franche-Comté) — un fief féminin ou masculin suivant le cas d'hérédité. Marie de Bourgogne, en épousant Maximilien d'Autriche, lui avait apporté en dot cette Province.

« une scène d'horreur indescriptible : aux féroces hurle-
« ments des brigands répond l'immense clameur d'hommes, « de femmes, d'enfants réveillés en sursaut. Les braves « résistent courageusement pour défendre l'honneur de leurs « femmes; ils sont tués avec elles, les autres fuient empor- « tant les enfants dans leurs bras; ils se jettent dans les « flots qui les entraînent pour la plupart, dans des barques « ou nacelles qui ne les sauvent pas mieux, car la précipita- « tion et la surcharge les font bientôt couler bas... »

Pour donner une idée des malheurs de l'époque disons que, dans les archives de Savigny, on relève cent quatre vingt-trois naissances, tant à Savigny qu'à Voncourt, du commencement de l'année 1619 au 15 août 1630, soit une moyenne de dix-sept naissances par an. Une lacune regrettable et des actes devenus indéchiffrables ont empêché de continuer le même relevé. Cependant du 10 janvier 1636 au 27 juillet suivant, on constate encore huit naissances, *puis plus rien*, sauf quelques rares baptêmes enregistrés par MM. Ruotte et Vaillant, curés du lieu, et encore ces baptêmes concernent Savigny, Voncourt, Farincourt, Valleroy et même Fouvent et Gilley.

On constate avec tristesse, en étudiant les archives communales, que la plupart des anciens noms de famille avaient disparu, triste conséquence des guerres, de la peste et de l'émigration. Ce n'est que vers 1647 que, bien que moins nombreuses, les naissances commencent à s'accentuer, pour arriver assez promptement à la normale.

***

Le mauvais exemple est contagieux; les ravages et brigandages dont la tourbe de mercenaires était capable avaient aiguilloné les appétits; les chefs de garnison et de troupes, déjà bien ruinés, avaient recruté des soldats un peu partout : par leurs extravagantes sorties, ils vont nous reporter aux temps du dixième siècle.

En France : Ducerf, d'Yves, Romprey.

En Comté : Jean de Varolds de Magny, dit le Gaucher, Foulquier d'Aboncourt, sieur de Chauvirey, etc., Bornival, gouverneur de Jonvelle, les sieurs de Suaucourt, Raucourt, etc.

En Lorraine : Clinchamp, Cliquot.

En outre, des bandes, ne se réclamant d'aucune nationalité, s'étaient formées pour une ruine plus complète de la contrée.

D'autre part les paysans de France et de Comté — (il s'agit surtout des théâtres de la guerre) — n'avaient pu semer leur blé en 1636. En 1637, vu le peu de récolte et la vendange, les deux gouvernements essayèrent un armistice; ce désir n'aboutit pas. C'était la recrudescence de la famine! Ces pauvres gens, pour nourrir les leurs, se réunissant par groupes, exposaient leur vie pour se jeter en tel endroit où ils espéraient recueillir quelque peu, et surtout du bétail devenu si rare de part et d'autre.

Les gens de ce jour ne sauront jamais comprendre cette désolation générale, alors que le commerce d'aujourd'hui suffit à tous les besoins; mais qu'arrive une guerre qui tarisse subitement toutes les sources de production et que notre pays en soit le théâtre, ils reviendraient bientôt de leur optimisme.

Quoiqu'il en soit, ce fut en ces temps là où chacun vivait de son sol et sur son sol, la faim à se nourrir de l'écorce des arbres et de l'herbe des champs.

Relevons dans Girardot, témoin oculaire, le lugubre tableau qu'il trace des misères en Comté:

« ...Enfin on en vint à la chair humaine, premièrement « dans l'armée, où les soldats occis servaient de pâture aux « autres qui coupaient les parties plus charnues des cada- « vres, pour bouillir ou rôtir, et hors du camp faisaient « picorée de chair humaine pour vivre. On découvrit en « certains villages, des meurtres d'enfants tués par leurs « mères, et de frères par leurs frères pour se garder de « mourir de faim. C'était partout la face de la mort... »

Nous ne trouvons rien d'aussi lamentable chez Macheret.

***

Mais revenons à l'année 1637, si malheureuse! et continuons d'emprunter à Macheret surtout, et aux autres auteurs comtois, leurs récits, si vivants et si pleins d'émotion.

« Cette année 1637 a été beaucoup plus dangereuse pour la « peste que la précédente... et en outre les Croates et les « Suédois naturels ont couru ce pays jusqu'au 1er août sans « aucune relâche, particulièrement les frontières du Comté « de Bourgogne. » (Macheret).

Le 22 février 1637, les Croates reviennent à Hortes; nouveaux désastres. M. Joliet, curé du lieu, fut contraint de se cacher sous la voûte d'un pont; saisi par le froid, il en mourut peu après.

Par une diversion stratégique très habile, l'armée française se divise en trois corps. Déjà, dès le mois de mars, le duc de Longueville envahit le bailliage d'Aval; de Grancey, gouverneur de Montbéliard, côtoye le Doubs; au moment opportun Weimar et du Hallier s'ébranlent, et suivant la route de Besançon, ils arrivent le 18 juin 1637, devant Champlitte, où ils doivent donner la main à de Grancey. Le 21 juin, la ville capitule moyennant rançon de 90.000 livres. Gâtey se rend, les châteaux de Ray, Lavoncourt, etc. sont pris, et le vieux ligueur Joyant trouve la mort dans ces luttes.

Le duc de Lorraine et les Comtois se portent rapidement sur la Saône, afin d'empêcher à tout prix le passage de cette rivière importante aux Français. Leur défense acharnée laisse prévoir le succès; mais Forbuer, lieutenant de Weimar, dissimule son armée qui s'arrête dans le bois de la Mange, commune de Membrey, passe en partie la rivière pendant la nuit, et au point du jour, prend l'ennemi en revers. Pris entre deux feux les Comtois se disloquent; certains fuient pendant que d'autres résistent courageusement pour l'honneur; sur le champ de bataille restaient, dit-on, mille Comtois. Ce nombre est certainement exagéré, mais la défaite était complète, et Faulquier d'Aboncourt, sieur de Chauvirey, en porta la nouvelle à Gray. La cour de Dole s'émut.

Et cependant les Français, semble-t-il, n'avaient fait qu'une ample et savante reconnaissance en Comté plutôt qu'une démonstration guerrière. car le 23 juin 1637, ils passent la Saône, à Seveux, effleurent Gray, laissant des garnisons où ils jugent à propos.

Le départ de Weimar et du Hallier avait laissé découverte la frontière du côté de la Lorraine et de la Comté. Ceux du bailliage d'Amont en profitèrent pour faire des courses échevelées dans le Bassigny et autres lieux.

Le 26 juin, les Croates reviennent à Hortes; ils enlèvent six prisonniers de ce lieu, trois de Rosoy, le bétail qu'ils trouvent et conduisent le tout à Jonvelle.

« Le jeudi 9 juillet 1637, le capitaine Bornival, gouverneur « de Jonvelle, assisté de plusieurs Croates, Comtois et « Lorrains se transportèrent à Fayl-Billot environ une heure « et demie avant le jour, et ayant gagné l'église du dit lieu, « sonnèrent le tocsin et alarme, et les peuples du dit village, « pensant se retirer en ladite église, furent pris au nombre

« de six vingts (120) personnes, entre lesquelles était le sieur « curé Gaspard Carbollot et furent envoyés à Jonvelle par « une partie des soldats...

« Et de là continuèrent leurs courses à Corgirnon et « Torcenay, où ils en prirent semblablement plusieurs; puis « descendant Chaudenay et voulant avoir cent pistoles pour « ne point brûler le village, et les seigneurs du lieu ne pou- « vant y remédier si subitement, les Croates brûlèrent le dit « Chaudenay entièrement, excepté deux maisons, et passant « par Rosoy, prirent le curé de ce lieu, Simon Parisel et son « neveu... Tout fut conduit à Jonvelle. » Macheret.

« Le mercredi 29 juillet 1637, environ la minuit du tren- « tième arrivent devant Langres environ six cents Croates « tant cavaliers que piétons détachés des garnisons de Dole, « Gray, Jonvelle, Chauvirey, etc., conduits par le sieur « Chevillon, lesquels étant arrivés au faubourg de la dite « ville, du côté dudit Comté de Bourgogne, vulgairement « appelé les Auges aux Moines (les Auges), se saisirent de « deux avenues ou sorties, et pendant que la cavalerie les « bloquaient, les piétons mirent le feu partout et brûlèrent « environ soixante maisons et n'en restèrent que trois; outre « prirent deux jeunes demoiselles qui, au sujet de la peste, « s'étaient réfugiées au faubourg, et prirent plusieurs autres « prisonniers qui ne sont pas de marque... » (Macheret).

La guerre durait toujours et devait encore durer longtemps; ses démonstrations tapageuses avaient relégué comme dans l'oubli cette ennemie silencieuse qui moissonnait sans bruit ses victimes. La peste sévissait toujours avec fureur, semée partout par la soldatesque.

« En ce mois de juillet 1637, la peste a été si grande en cette « ville de Langres et faubourgs d'alentour que le 6 juillet, il « y avait en la dite ville deux cent quarante maisons gâtées « et infectées de la dite peste, et qui à ce sujet étaient « barrées, sans celles qui, par un misérable abus, ne « s'étaient pas déclarées, au sujet de quoi fut faite une pro- « cession générale... et en ce temps, j'ai compté quatre-vingt « deux personnes qui sont mortes de peste en la rue du « Petit-Cloître pendant l'espace de six semaines seulement... « etc.

« Outre ce que dessus il y avait tant de loges au dehors « de la ville que depuis la fontaine blanche et Buzon, jusqu'un « peu plus bas que le moulin St-Sauveur, il y avait bien « environ deux cents loges, et plus de soixante de l'autre

« côté de la ville... Tous les cimetières de la cité, tant inté-« rieurs qu'extérieurs furent remplis et l'on fut obligé d'en « ouvrir un nouveau au-dessus des Auges aux Moines. » (Macheret).

« Cette année 1637 s'est trouvée, humainement parlant, la « plus cruelle que les hommes aient peut-être pu jamais « voir. Car la cruauté des Croates, nos ennemis... la perfidie « des Suédois, nos confédérés... et la peste... laquelle avec « les deux susnommés en ont moissonné plus de cinq mille « cinq cents personnes tant langrois que circonvoisins.» (Macheret).

Cependant la peste s'éteignit sur la fin de 1637, mais l'état général était lamentable. Ni attelage pour labour, ni grain pour semer l'espérance ; la main seule de l'homme devait suffire et devenait impossible, autant en France frontière qu'en Comté.

VI

Trahison de Champlitte. — Bourbonne, attaqué, paie rançon. Prise du chateau d'Autrey. — Reprise de Champlitte. — Magnanimité du vainqueur. — Prise de Brisach, etc.

La peste avait presque disparu avec l'année 1637. Macheret constate que ce fléau entré à Langres par Longe-Porte, après un long séjour, en était sorti par la porte des Moulins à vent.

Mais la guerre reste et les courses effrénées vont recommencer ; le lucre, les représailles et parfois la forfanterie en seront les mobiles, et cependant que pouvait-on bien chercher dans un pays cent fois ruiné !

Le 7 janvier 1638, les Croates arrivent à Rosoy, font plusieurs prisonniers, entre autres Jean Parisel, neveu de Macheret, vicaire d'Hortes et Rosoy, qui fut conduit jusque près de Salin, puis relâché sans rançon.

Nous avons dit que le 21 juin 1837, Champlitte assiégé par Weimar, du Hallier et autres, avaient dû payer une forte rançon ; une petite garnison française avait été établie dans cette place.

Vers Pâques 1638, tout semblant tranquille, le capitaine et

son lieutenant ne craignirent pas d'accepter un dîner en ville et furent lâchement assassinés. Seuls restaient au château vingt soldats et un caporal au cœur vaillant ; ils se mirent en défense et repoussèrent les propositions qui leur étaient faites ; mais le caporal fût traitreusement tué et le château perdu.

Puis, le 13 mai 1638, ceux de Champlitte et de Gray s'étant réunis, se jetèrent sur Selongey qui fut pillé et brûlé en partie.

Le 15 mai, Bourbonne est attaqué par les soldats du duc de Lorraine, Croates et Comtois de la garnison de Jonvelle, sous la conduite de Bornival, gouverneur de cette place. La menace d'incendie est pressante ; la ville se rachète moyennant huits cents pistoles et livre douze otages. Les mêmes ensuite se transportent à Coiffy-le-Chatel (Copfey-le-Chastel), y commettent des horreurs inouïes, font prisonniers tous les hommes qu'ils trouvent et tuent des femmes. De là, ils descendent à Chézeaux et y brûlent six maisons, passent à Lavernoy qu'ils incendient presque complètement, prennent des prisonniers à Coiffy-le-bas et à Laneuvelle. Trois jours après, ils brûlent Varennes en partie et Arbigny. Prisonniers et butin furent entassés à Jonvelle.

Par contre, le 22 août 1838, le château d'Autrey, près Gray, fut pris par le prince de Longueville et détruit par ses ordres, afin d'arrêter les courses de sa garnison.

D'Autrey, de Longueville vint assiéger Champlitte. La ville se rendit à discrétion, et il le fallait bien, après la trahison d'avril précédent. Le Prince se montra magnanime, donna la vie libre à ceux qui pouvaient prouver leur innocence, ne retenant que les criminels et leurs complices ; et encore il les pardonna presque tous.

Bel exemple d'humanité qui, dorénavant, sera suivi, autant que possible, par les généraux francais.

Mais par contre, le prince de Longueville manda aux maire et échevins de Langres d'assembler en hâte les communautés langroises et autres pour démolir les portes de Champlitte et le château ; ce qui fut fait en trois jours.

Le 15 décembre 1638, le duc de Saxe-Weimar et le comte de Guébriant prirent Brïsach, ville qui était alors considérée comme le pont entre la France et l'Allemagne. Hélas ! depuis la terrible guerre de 1870-71, nous ne le possédons plus ce pont.

« Fin de l'année, dit Macheret, heureuse pour les Français,

« en toutes ses parties, tant en ses progrès qu'en conquêtes « et que bénédictions du ciel... »

VII

Audacieuses courses militaires et maraudeuses. — Prise et ruine de Montreuil-sur-Saone. — Les loups. — Pillage des Franchises, faubourg de Langres. — Mort de Bernard de Saxe-Weimar, etc.

Année 1639.— Nous partageons la satisfaction de Macheret au point de vue de l'histoire générale ; cependant le sort de notre contrée n'était pas enviable, et beaucoup pourront se demander où étaient les armées françaises pour ne pas mettre fin à une désolation si générale et si inhumaine.

Richelieu savait la Comté frappée au cœur ; ce n'était plus pour lui qu'une lente agonie qui pouvait encore durer quelques années, et ses conceptions politiques s'étaient portées ailleurs.

En attendant il faudra encore souffrir.

« Le 24 mars 1639, environ six heures du matin, quatorze « cavaliers Croates de la garnison de Raucourt, avec les « sieurs dudit Raucourt, Genevrières vinrent courir les « charrues d'Hortes et en prirent deux et les paysans qui les « assistaient. (Macheret).

« Le 12 avril, les Croates des garnisons de Dole, Gray et « autres lieux avec cavalerie firent course de Langres, « prirent les curés de Balesme et de Baissey, d'Anglure, « seigneur de Coublanc, tous les hommes qu'ils rencontrèrent, « 150 chevaux, 300 bœufs, vaches et moutons qu'ils condui- « sirent à Gray. »

Le 16 avril 1639, les Croates de Bougey sont à Hortes, où ils prennent 38 chevaux et tuent un homme.

Le 2 juin, Francière, gouverneur militaire de Langres, Trestondan, de Genevrières, de Montarby, qui était peut-être encore seigneur de *Voncourt*, du Cerf ou Ducerf, capitaine langrois, célèbre partisan, etc..., se jetèrent sur le château de Montreuil-sur-Saône, s'en emparèrent, conservèrent cette place pendant onze jours, mais serrés de près ils détruisirent la forteresse et se retirèrent.

Le 3 juin, les Croates et Comtois de Jonvelle incendient Marcilly et Champigny-sous-Varennes et emmènent prisonniers et bétail.

Le 8 juin, Humes et Bannes éprouvent le même sort.

« Le même jour, à Langres, entre les portes Saint-Didier « et du Marché, trois pauvres petits garçons couchés sous la « quarre d'une roche furent attaqués des loups, l'un desquels « fut mangé à demi sur place et les deux autres emportés « par les dites bêtes, lesquels n'ont oncques vues depuis. »

Le 14 juillet, les Croates et Allemands des garnisons de Jonvelle, Jussey et Vesoul pillent les Franchises de Langres, les deux Orbigny et Plesnoy, puis, après avoir partagé, près Lavernoy, leur butin, s'en retournèrent sans aucune crainte.

Le 16 juillet, ce sont les Croates de Gray qui incendient Heuilley-le-Grand, pillent Piépape, Dommarien et Grenant.

Le 23 juillet, mort du Grand-Duc Bernard de Saxe-Weimar, ce fidèle allié de la France. Plein de reconnaissance pour le Roi, qu'il avait si loyalement servi, il en fit son principal héritier.

L'année 1639 avait été moins meurtrière que les précédentes, sauf les événements rappelés ci-dessus et ceux que la nuit des temps cache dans l'éternel oubli, car tous n'ont pas eu leur historien, et nos villages situés à la frontière, durent subir bien d'autres désastres.

Il y avait comme un instant de répit, un sentiment de renouveau... D'anciens habitants revenaient on ne sait d'où, ramenant avec eux du bétail ; cette renaissance était bien faite pour provoquer de nouvelles courses de l'ennemi, et cet état d'anarchie devait durer encore de longues années.

VIII

Début de l'année 1640 assez paisible. — Croates et Comtois guidés par un traitre de Coiffy. — Prise d'Arras. — Les courses continuent. — La garnison de Suaucourt ravage nos villages. — Sortie du marquis de Bourbonne sur Jonvelle.

« L'année 1640 a été assez paisible en son commencement « de printemps et d'été, les Comtois et Croates ayant fait « fort peu de courses en ce pays, ou pour le moins si petites « que j'ai jugé inutile d'en parler. » (Macheret).

Le 8 juin 1640, Comtois et Croates, conduits par un traître, né à Coiffy, se jetèrent sur Plesnoy, brûlèrent douze maisons, tuèrent trois hommes, prirent du bétail, qu'ils conduisirent à Jonvelle. Ce traître fut pendu en effigie à Coiffy ; ce qui ne dut pas le faire beaucoup souffrir.

Le 10 août, une armée française prit la ville d'Arras sur les Espagnols. Fiers de leur cité et se croyant en sûreté derrière ses fortifications, les habitants avaient placé en vue sur une des portes de la ville cet écriteau :

« Quant les rats prendront les chats,
« Les Français prendront Arras. »

Il fallait faire disparaître cette apostrophe injurieuse : un vieux loustic et malin français exposa son avis : « Soyez moins en peine, dit-il ; supprimez un P et tout ira fort bien ».

L'insolente devise fut ainsi transformée :

« Quant les rats prendront les chats,
« Les Français rendront Arras. »

A noter qu'au milieu du mois de mai 1640, à Corgirnon, dans la maison de Robert, un chat fut pris et mangé par les rats. Ce fait fut porté à Dijon, par M. Peussier, curé de Fayl-Billot.

Mais qu'on nous pardonne cette digression et revenons à notre sujet.

Le 25 août 1640, des Croates et autres soldats sortis de Gray étaient dans les environs de Noidant-le Châtenoy, canton de Longeau, sur le revers méridional du Cognelot, lorsqu'ils furent découverts. Ils n'eurent qu'à déguerpir au plus vite, passèrent derrière le Pailly, Chalindrey, Torcenay Rosoy, poussèrent même plus loin et se trouvèrent en pays inconnu. Harassés de fatigue et rejoints par ceux qui les poursuivaient, dont le nombre s'était singulièrement grossi, ils furent presque tous passés au fil de l'épée ; certains disent même qu'il n'en resta pas un seul pour porter la nouvelle de leur sinistre fin. A ce propos, on rappelle qu'un jeune apothicaire de Gray offrait 800 pistoles pour sa rançon, mais il fut occis comme les autres. Ce dernier fait prouverait assez que si certains exposaient leurs vies pour le pillage, d'autres agissaient par stupide vantardise. »

« Furieux de leur défaite — (disent Coudrier et Chatelet) « — les vaincus retournèrent en force et saccagèrent Pres- « signy, Villegusien et Dommarien.

Macheret dit : — « Le samedi 29 septembre 1640, les « garnisons de Gray et environs s'étant transportés au lieu

« de Pressigny en ont emmené quantité de chevaux, vaches « et autre bétail, ayant pris l'occasion de l'absence du sieur « d'Yves, gouverneur pour le Roi en la dite place, et lequel « était occupé pour les affaires de sa dite Majesté à Dijon... »

Le 7 novembre 1640, des Croates et Comtois de Gray enlèvent près de Villegusien, environ vingt-cinq chevaux attelés pour charrier les vins des bourgeois de Langres.

Le 8 novembre, les coureurs de Jonvelle, passant par les bois, vinrent à Andilly, y prirent tous les chevaux, sauf un seul qui s'échappa.

Le 29 novembre, ceux de Suaucourt vinrent à St-Vallier, enlevèrent 28 têtes de bétail, firent six prisonniers. Le curé Girardot, qui se levait pour secourir ses paroissiens, se vit contraint de fuir à peine vêtu jusqu'à Chatenay-Macheron. D'après CHATELET il semblerait que Savigny, Fayl-Billot, Bize Torcenay, Hortes, Coiffy-le-Bas, Couzon, Rougeux, Saint-Vallier, etc., étaient la pâture attribuée à cette garnison.

Le 4 décembre, d'autres Comtois se jetèrent sur Coiffy-le-Bas, prirent prisonniers et bétail, mais serrés de près ils furent contraints de tout abandonner.

Le même 4 décembre 1640, quelques partisans venant de Gray et Suaucourt arrivèrent à Couzon et y commirent de grands dégâts.

Les 11 et 18 décembre, d'autres Croates se présentèrent à Rougeux, mais leur butin fut léger.

Par contre, le 24 décembre, le marquis de Bourbonne poussa une pointe sur Jonvelle, fit trente-deux prisonniers dont seize cavaliers qui furent conduits à Chaumont.

Ce hardi coup de main impressionna Jonvelle.

IX

FOIRE DES ROIS A LANGRES. — UNE COMPAGNIE PRESQUE ANÉANTIE A PRESSIGNY. — MAUVAISE FOI DU DUC DE LORRAINE. — COMBAT DE SAVIGNY. — HOMMES ATTELÉS A LA CHARRUE. — UNE DÉROUTE DEVANT SEDAN. — FAULQUIER D'ABONCOURT ET SA TRISTE FIN. LES ARMÉES FRANÇAISES ET LEURS EXPLOITS. — PRISE DE JONVELLE, CHAUVIREY, SUAUCOURT, ARTEAUFONTAINE, SCEY-SUR-SAONE, VESOUL. — LUXEUIL ET FAUCOGNEY PAIENT RANÇONS. PRISE DE RAY-SUR-SAONE.

L'année 1640 n'avait pas eu à subir, dans notre contrée, de

guerre proprementdite, mais les courses dévastatricesétaient devenues plus fréquentes que jamais.

Les compagnies peu nombreuses qui gardaient les châteaux de la frontière comtoise, sauf quelques rares soldats, n'étaient qu'un ramassis recruté un peu partout. Dès 1637, le conseiller Buson, écrivant de la cour de Dole, disait : « Les troupes que « l'on peut lever en Comté ne grossissent guère qu'en « canailles, en garses (vieux style) et en bagages ; du train « qu'ils mènent, les Allemands, ceux de Gallass, n'étaient « guère que des agneaux et ceux-ci sont des loups ».

C'est assez dire ce que pouvaient être ceux qui comblèrent les vides de l'armée comtoise.

La situation ne s'était pas améliorée, et cette vilenie, parasite de tous les pays, va continuer à semer la terreur par le feu et le glaive, à recruter des prisonniers pour rançons, et surtout du bétail pour s'en accomoder.

Le 5 janvier 1641, c'était la foire des Rois à Langres ; Croates et Comtois de Gray se placèrent en embuscade sur le chemin que devaient suivre marchands et paysans, et firent une grande razzia de prisonniers et de bétail.

Le 8 janvier, course sur Dommarien avec mêmes dégâts que partout.

A la même époque, le marquis de Bourbonne poussa de nouveau sur Jonvelle et prit douze soldats de cette forteresse.

En ce même temps ceux de Suaucourt, nos trop proches voisins, multipliaient leurs sorties, passant presque toujours à Savigny pour rayonner un peu partout.

Le 5 février 1641, une compagnie ennemie était embusquée près de Pressigny, mais elle fut découverte. Yves, gouverneur de la place, tomba sur eux à l'improviste ; la plupart furent tués ou faits prisonniers, quelques-uns seulement purent s'échapper.

Le mois suivant, une escarmouche assez sérieuse avait pour théâtre *l'Eglise même de Savigny* ; voici ce qu'en a dit Macheret :

« Le vendredi 8 mars 1641 (1), les susdits Croates, Comtois

---

(1) En ce même mois, mars 1861, Charles, duc de Lorraine, ce vassal félon, vint trouver le roi de France son cousin, avec 200 chevaux ravis, disait-il à l'armée espagnole. La paix fut faite, un traité fut conclu et Louis XIII ajouta à son escorte 500 de ses chevaux les plus fringants, afin de ménager au Duc une entrée triomphale à Paris. Le traître lorrain reconduisit le tout au camp ennemi.

« et autres ennemis de l'Etat de France, firent et dressèrent « une embuscade aux soldats de Pressigny, et s'étant forti- « fiés dans l'*église de Savigny* furent découverts par les « nôtres, où après un grand choc de part et d'autre, il en « demeura de l'ennemi neuf sur la place et deux des nôtres « et trois blessés, desquels on espère bientôt la santé moyen « nant la grâce de Dieu, etc. »

Le 23 mars 1641, les Comtois et Croates de Jonvelle se précipitent à dix heures du soir sur Chézeaux et enlèvent tous les chevaux du lieu.

A la date du 6 avril 1841, notre chroniqueur écrit :

« **Hommes attelés à la charrue**

« L'an présent 1641, le samedi sixième Avril, la nécessité « du labourage a été si grande en ce pays que l'on a vu six « hommes attelés en forme et place de bêtes, et tirer la « charrue pour labourer au finage de Torcenay, et pour « confirmation de ce, les sieurs Raoux, curé du dit Torcenay, « et Houdry, curé de Chalindrey y étaient présents, etc. »

« Le même est arrivé à Choiseul, en Bassigny, en l'année « 1637. Un homme avec ses trois fils faisaient un bichet de « terre par jour à raison de trente solz (30 sous) et j'avais le « nom par écrit, mais il s'est égaré par mes mémoires et ne « l'ai pu retrouver, me souvenant seulement de l'année et du « village. »

« Le même est arrivé au Fayl-Billot, la même année... (Macheret).

Le 16 juillet 1641, une armée française fait le siège de Sedan, elle éprouve une déroute complète par suite de divergence entre les chefs. Prélude de 1870.

Le 23 juillet, Faulquier d'Aboncourt, sieur de Chauvirey, conduisit les siens à Torcenay et prit 43 têtes de bétail, tant chevaux que vaches.

C'était un rude partisan que ce Faulquier ; son intrépidité et sa haute stature l'avaient fait nommer le Samson et le Goliath des Comtois...

« Le 29 juillet 1641, deux cent cinquante fantassins et cent « cavaliers des garnisons de Gray, Ray, Suaucourt, Chauvi- « rey et Jonvelle, sous les ordres de Faulquier d'Aboncourt, « après avoir traversé Fayl-Billot pendant la nuit, arrivèrent « aux faubourgs de Langres à six heures du matin. Ayant « trouvé là plusieurs troupeaux de moutons et d'autres « bestiaux appartenant aux bouchers de Langres et à divers

« particuliers, ils s'en emparèrent et les dirigèrent sur « la Franche-Comté. La garnison ayant été informée tira, du « haut de la tour Saint-Fergeux, quelques coups de canon et « les ennemis prirent la fuite. Les Langrois se mirent à leur « poursuite et les atteignirent près de Rougeux. Alors on en « vint aux mains et les Comtois furent contraints de rendre « leur proie. Ils n'avaient blessé qu'un Français et avaient « vu tomber leur chef le marquis de Chauvirey, Faulquier « d'Aboncourt. »

« La veille du départ, l'épouse de ce seigneur, s'était jetée « à ses genoux pour le détourner de son dessein. Il lui avait « répondu qu'il ne pouvait se dispenser de partir encore « cette fois, lui promettant, pour la consoler, que c'était la « dernière, et que, dorénavant il n'irait plus attaquer les « Français. Il avait dit vrai sans le savoir. (Briffaut).

***

La prise de l'importante place de Jonvelle mérite une mention toute spéciale. Macheret, traitant ce sujet, écrit :

« O misérable Jonvelle,
« O cruel prodige de la Renommée,
« Fameuse surtout pour être diffamée... »

La situation stratégique de cette seigneurie était des mieux choisies ; les contours de la Saône enveloppaient les deux-tiers de son enceinte, puis par un retour hardi de cette rivière, isolaient le château, quelque chose comme la presqu'île d'Ignes et Glaire, près Sedan, théâtre principal de l'agonie de l'armée française en 1870.

Des défenses formidables, savamment accumulées depuis plus de six siècles avaient fait de cette place comme un défi jeté à la face de la province voisine et étrangère, la France.

Le 13 septembre 1641, se réunirent comme inopinément à Bourbonne, du Hallier, gouverneur de Lorraine pour le roi de France ; Francière, gouverneur de Langres ; comte de Grancey ; Charles de Livron, marquis de Bourbonne ; Chevalier de Tonnerre ; le baron de Marey ; Séguier, évêque d'Auxerre, chef du conseil de guerre, et nombre d'autres seigneurs. Les contingents qu'ils avaient amenés formaient une armée de sept à huit mille hommes, tant cavaliers qu'infanterie, avec plus de vingt canons.

Il fut convenu qu'on attaquerait Jonvelle.

Le dimanche 15 septembre 1641, dès le matin on reconnut la place et la ville fut investie. Faulquier d'Aboncourt était mort, Bornival avait disparu, et c'était Jean de Warods de Magny, dit le Gaucher, qui était gouverneur, ayant seulement deux cents soldats sous ses ordres.

Le lundi 16 septembre, vers midi, la brèche est ouverte ; un assaut général s'en suit, la ville et le château sont pris. Cependant restait une grosse tour où les défenseurs se réfugièrent, sachant bien le sort qui les attendait, et résolus de lutter jusqu'à la mort. Mais, qui l'aurait cru ! Cette tour se rendit le lendemain, mardi, vers deux heures du soir, sur l'avis du gouverneur ; les soldats furent passés au fil de l'épée ou pendus aux créneaux. Les jours suivants on fit jouer les mines qui anéantirent forteresse et grande tour : c'en était fait à tout jamais de Jonvelle.

Le curé de la ville avait été trouvé caché avec quelques personnes dans un charnier de son église ; on ne leur fit point de mal et on leur donna un sauf-conduit pour se retirer avec les objets précieux, où bon leur semblerait. Cette clémence des Français va se continuer et leur assurera des succès plus durables que l'épée.

Une note sur Jean Warods de Magny. dit le Gaucher, ne sera sans doute pas déplacée ici :

Ses courses rapides et inhumaines l'avaient « sentencié de mort », dit Macheret. Sa conduite envers ses prisonniers fut ignoble. Cependant son cœur corrompu était partagé par deux amours, celui de son trésor, fruit de ses rapines, et celui de Madame de Remiremont. Du Hallier, qui connaissait ces faiblesses, sut habilement en profiter, et, alors que de Magny songeait à s'ensevelir sous les décombres de la grande tour, le souffle tentateur lui glissa à l'oreille le nom de sa Dulcinée ; c'est alors que cet étrange gouverneur proposa à ses gens de capituler. Le lâche vaincu sortit seul de la forteresse antique, portant sur lui une partie de ses trésors qu'il confia, sur l'honneur, à du Hallier.

Remis entre les mains du baron de Marey, le Gaucher fut conduit à Langres le 18 septembre, puis au château de Grancey ; ayant voulu s'évader de sa prison en descendant une tour, il se brisa les reins et fut conduit à Dijon. Il guérit et nous le retrouverons malheureusement plus tard.

***

Rappelons quelques-uns des principaux supplices infligés aux malheureux prisonniers conduits à Jonvelle. Après avoir rapporté des atrocités antiques, Macheret ajoute :

« Mais les tiens — (Jonvelle) — les tiens les surpassent en » cruauté, lesquels ont fait manger de l'herbe crue aux » chrétiens, après les avoir enfermés sans voir le soleil ou « respirer l'air, qui une autre fois, ayant dix-huit prisonniers « dans un cachot d'une tour, les y ont laissés deux jours « sans leur donner la liberté de décharger leur pauvre ventre « sinon dans le mélange de l'un de l'autre, dans une obscu- « rité quasi semblable à celle de l'enfer. Et qui renouvelaient « les douleurs des martyrs de la primitive église, et en ont « trouvé de plus violents comme bander la tête avec la corde « nouée, donner l'esplanade, la question, mauvaises pautions « et qui pis est et qui peut-être ne s'était jamais pratiqué. « *Nempe quod duarum mulierum vulvas*, etc. » Macheret se servait du latin quand il n'osait tout dire, mais Chatelet le traduit ainsi : « Trois femmes subirent les derniers outrages ; « l'une mourut entre les mains des infâmes scélérats, les « autres furent éventrées par des cartouches allumées dans « leurs entrailles ».

L'esplanade était une punition militaire qui consistait à élever le patient au sommet d'une pièce de bois par les mains liées derrière le dos, pour le laisser retomber ensuite jusque près de terre.

La question était une torture préventive et judiciaire pour arracher un aveu à l'inculpé. Louis XVI l'abolit au commencement de son règne.

***

Cette habile entreprise des français sur Jonvelle avait jeté l'effroi en Comté ; les châteaux forts voisins se sentaient à couvert sous la protection de cette forteresse et beaucoup étaient sans garnison.

Très habilement, sur les ordres du roi, les généraux firent appel aux compositions, en déclarant qu'ils seraient sans pitié pour les récalcitrants, mais seraient pacifiques et bienveillants pour la soumission, qui cependant ne consistait qu'en une neutralité relative : « Aussi de leur quartier général de Jonvelle, n'eurent-ils qu'à sommer par trompette les châteaux environnants qui s'empressèrent la plupart de traiter avec eux. » (C. et Chatelet).

L'armée française ne s'attarda pas à Jonvelle, mais systématiquement se répandit dans le bailliage d'Amont, et dès le 23 septembre 1641 se réunissait en partie devant Chauvirey.

Noter que la seigneurie de Chauvirey comprenait les deux villages de ce nom, avec la Quarte, Ouge et Vitrey. Vers le

XIIIe siècle, le seigneur, pour constituer des apanages à ses enfants, avait divisé son domaine d'où résulta l'édification de trois châteaux, qui devinrent l'objet de complications inextricables : Chauvirey-le-Viel et Château-Dessus qui appartenaient à une famille française — (les CHATELET) — firent leur soumission, mais le Château-Dessous, le donjon de Faulquier d'Aboncourt résista.

Quarante coups de canon ouvrirent la brèche ; l'assaut fut vigoureux et à midi la garnison se rendit à discrétion. Les soldats sortirent sans armes, un bâton blanc à la main — (coutume du temps) — mais le chef fut impitoyablement pendu à la porte du manoir. Le curé de la paroisse qui s'était réfugié au château avec le trésor de son église, reçut un sauf-conduit pour se retirer où il voudrait.

Après avoir démantelé le château, les Français reportèrent leur quartier général à Morey.

Le 25 septembre 1641 c'était le tour de Suaucourt !...

Trestondans, ce farouche partisan, beau-père du capitaine de Mandre le jeune, ne voulut pas s'humilier à une capitulation ; il abandonna son château, en laissant, comme à l'improviste, une table abondamment servie. Les Français flairant un piège, se défièrent avec raison : ils servirent à des chiens le somptueux menu... Tout était empoisonné. Cette forteresse fut rasée de fond en comble le 27 septembre 1641. A cette nouvelle sans doute, grande fut la joie à Savigny, Voncourt, et aux pays d'alentour.

Le 26 septembre 1641, Artaufontaine, commune de Corre, canton de Combeaufontaine, avait été pris; une garnison française y fut installée. Les places de seconde ligne de défense, telles que Rupt, Villervaudey, Betoncourt, etc., firent leur soumission.

Le 28 septembre, la marche de l'armée se dirigea habilement contre Scey-sur-Saône et le château fut pris. C'était un beau succès qui livrait un pont sur la Saône; malheureusement par suite de la lâcheté d'un lieutenant (Rompré, que nous retrouverons), cette belle prise dura peu.

La campagne entreprise avait un plan bien conçu : Dès Jonvelle, de Grancey avait dit à un émissaire de Vesoul : « Annoncez à vos compatriotes que j'arrive sur eux, qu'ils « aient à me préparer six mille pistoles, ou la place y « sautera ».

Vesoul, la capitale du bailliage d'Amont, était dans les

angoisses, et ce fut de la part des capucins de Jussey et de Vesoul un chassé-croisé entre ces villes et de Grancey.

Ce dernier savait se servir de ses avantages et il avait répondu un jour à ceux qui le sollicitaient : « Si mon canon « passe la Saône, l'honneur de mon roi et de ses armées me « contraindront à ne plus rien entendre. »

A l'angoisse avait succédé la terreur ; un certain nombre de Vésuliens acceptèrent l'offre du gouverneur du bailliage de les faire transporter sur la direction de Besançon ; ils eurent lieu de s'en repentir.

De Grancey ménageait avec soin le vaincu et il céda sur plusieurs propositions ; mais le samedi 28 septembre, il lança cet ultimatum : « Une rançon de six mille livres (selon « Macheret), douze otages des principaux de la ville, sans « quoi le lundi, 30 septembre, j'ouvrirai la brèche, et dans « moins d'une demi-heure, je serai dans Vesoul. »

Forcément ces conditions furent acceptées, et le général consentit à ne point imposer aux habitants une garnison française. Quant aux douze otages, ils furent conduits au château de Grancey ; ils y retrouvèrent de Magny, dit le Gaucher : l'enthousiasme de la rencontre dût être plus que froid !

L'exemple de Vesoul fut suivi par nombre de places, notamment Luxeuil, Faucognier, etc., ce qui fait écrire à Girardot, témoin oculaire : « Les traités sont faits à Remi- « remont ; nous sommes livrés à la France par une femme, « celle qui a commencé notre perte par la trahison de « Jonvelle. »

Madame de Remiremont avait bon dos.

Bien noter que l'armée française avait pour consigne sévère de se comporter en amis, de respecter les ecclésiastiques et les lieux saints ; elle vivait, il est vrai, sur le sol conquis, mais ce que le pays ne pouvait lui fournir était envoyé de France.

C'était un contraste frappant avec les courses tragiques des Croates et autres ; mais ce qu'il y a de plus étrange, c'est que certains comtois vivant dans d'honorables sinécures, ou par leur fortune étant loin de la misère, osèrent le trouver mal, et s'en plaignirent comme d'une fourberie,

Le 3 octobre 1641, le château de Ray-sur-Saône s'était rendu ou avait été abandonné comme celui de Suaucourt et autres ; le capitaine d'Yves, gouverneur de Pressigny, s'y établit avec sa troupe.

De toutes parts, en Comté, la frayeur était grande ; tous s'attendaient à être attaqués ou surpris inopinément, tellement la marche des Français avait été hardie, habile et décisive. Cependant ils avaient été obligés de laisser des garnisons un peu partout, et l'ensemble de l'armée se réduisait à environ 2.500 hommes tant cavaliers que fantassins, le surplus avait regagné ses quartiers en France, mais tout prêt à donner main forte.

Du Hallier, de Grancey et l'évêque d'Auxerre ne s'étaient guère quittés et avaient agi de concert ; ils songèrent à se séparer pour rejoindre siège et gouvernement. De Grancey resta encore ; son nom suffisait, car il avait été l'interprète fidèle de ses collègues. Pour se retirer, il passa par Dampierre-sur-Salon, où il fut accueilli par de Tavannes, un français, prit Montot qui refusait de se rendre, fit une halte à Champlitte et le 13 octobre 1641 arrivait à Fayl-Billot.

Le vaincu a toujours des raisons pour se justifier ; il voulut voir dans ce départ une certaine crainte du vainqueur ; mais cette opinion risquée ne prévalut pas ; les plus prudents qui avaient jugé de l'effet, craignaient le retour.

Il n'en est pas moins vrai qu'en trois semaines l'armée française avait ruiné les meilleures places de la Comté, installé solidement des garnisons un peu partout et était en quelque sorte maitresse du bailliage d'Aval.

Pour résumer l'année 1641, reproduisons Macheret :

« Nous serions quasi en repos dans la fin de l'année 1641
« par l'assurance de places du Comté de Bourgogne lesquelles
« sont toutes en notre main, excepté Gray, lequel est
« tellement contredit par les châteaux où sont nos garnisons
« qu'il ne peut plus s'approcher sans grand risque ; et il
« nous reste pour une plaie les injustes querelles que le duc
« Charles de Lorraine nous machine perpétuellement,
« permettant au sieur Cliquot, son capitaine en la ville de
« La Mothe de faire des voleries, pilleries et concussions
« à tort et à travers, pour ruiner entièrement la pauvre
« province, ainsi que faisait ci-devant la ville de Jonvelle,
« etc. »

X

TRANQUILLITÉ RELATIVE D'ABORD, PUIS LES COURSES RECOMMENCENT. — MORT DE MONTARBY, PROBABLEMENT L'ANCIEN SEIGNEUR DE VONCOURT. — AFFAIRE DE LONGEAU. — ESSAI INFRUCTUEUX SUR LA MOTHE ET SES CONSÉQUENCES. — ACQUISITION DE SEDAN.

ESSAIS DES COMTOIS. — SURPRISE DE PRESSIGNY. — GRANCEY A RAY-SUR-SAONE : BRILLANT SUCCÈS. — NOUVELLES COURSES. — PRISE DE PERPIGNAN. — MORT DE RICHELIEU.

Le commencement de l'année 1642 jouit d'une tranquillité relative, mais avec les beaux jours allait recommencer la série des misères.

Dès le 10 mai, le château de Rupt, qui appartenait à Mme de Saint-Georges, gouvernante des fils de Louis XIII, fut repris par les Comtois, à la suite d'une trahison.

Le 6 juin, le sieur de Montarby, probablement le récent sieur de Voncourt, imitant le trop funeste exemple de beaucoup de seigneurs à cette époque, vendit ses services au duc Charles de Lorraine.

Il était à La Mothe ; dans une de ses courses, revenant avec du bétail, il tomba dans une embuscade et fut tué par le langrois Lacaille.

Le 13 juin 1642, trois cents Croates et autres se jetèrent sur Longeau ; mais vigoureusement repoussés, ils rebroussèrent chemin au plus vite. Malheureusement les paysans des villages voisins essayèrent une embuscade ; la retraite précipitée ne leur permit pas d'en tirer parti, et la cavalerie ennemie tua trente-huit d'entre eux, notamment le curé de Brenne et celui de Verceilles.

MIGNERET, dont le témoignage ne peut être suspect, dit : « Sans aucun doute il était peu canonique de la part d'un « prêtre de porter les armes, mais il fut difficile de ne pas « accorder un regret et un éloge à ces braves pasteurs qui, « après avoir vécu avec leur troupeau dans les temps calmes, « allèrent périr avec lui contre l'ennemi. »

Le 22 juin, Lorrains et Allemands de La Mothe enlèvent quatorze chevaux à Bannes, et le 6 juillet prennent tous les chevaux de Poiseul et font trois prisonniers.

Le 3 juillet 1642, les Croates et Comtois de Rupt tombèrent sur Torcenay, mais furent rigoureusement repoussés.

Le 10 juillet, ceux de Gray, au nombre de 200 vinrent brûler Noidant-le Chatenoy et emmenèrent le bétail. Il y eut combat; sept habitants furent tués, trois blessés et trois faits prisonniers; l'ennemi avait perdu dix des siens, qu'il dissimula et remporta avec lui. Au retour, ces farouches partisans incendièrent Palaiseul.

Le 25 juillet, du Hallier et de Grancey tentèrent encore un siège sur La Mothe, siège qui n'aboutit pas, car le roi avait rappelé de Grancey pour l'envoyer à Lyon, afin d'empêcher tout trouble à l'occasion de l'exécution de Cinq-Mars et de Thou, et le 30 août à l'approche de l'armée de Charles de Lorraine, du Hallier avait dû lever le siège.

Le 12 août, les partisans de Gray arrivent au Pailly, enlèvent une charrue et seize têtes de bétail; les habitants ne les poursuivent pas, avertis qu'une embuscade est prête et les attend. De là, l'ennemi passe à Montsaugeon, tue un homme et fait quelques prisonniers.

Le 23 août, les mêmes partisans reviennent au Pailly et prennent vingt-cinq bêtes à cornes.

Le 5 septembre 1642, le siège de La Mothe était levé, le duc de Lorraine se sentait libre, il prit Bourlemont, Bourmont probablement. La reddition se fit à composition : les vaincus devaient conduire et livrer à La Mothe deux mille mesures de grain et cinquante muids de vin.

Dans le même temps le duc de Bouillon, prince de Sedan, par une entente avec le roi de France, lui céda, avec larges compensations, sa principauté. Madame la Princesse ne voulut rien entendre; mais on délégua près d'elle l'astucieux Mazarin; il sut si bien la circonvenir que la mise en possession de Sedan eut lieu le 29 septembre 1642. Faber y fut nommé gouverneur.

Les Comtois, malgré tout, comptaient sur une revanche. Déjà Charles de Lorraine leur avait écrit en ce sens : « De Grancey est à Lyon sur les ordres du roi, du Hallier n'est pas à craindre. Profitez du moment. »

Le gouverneur du bailliage d'Amont était alors Beaufremont-de-Scey ; il forme à la hâte un corps de cinq cents hommes, tant cavalerie qu'infanterie, emprunte, sur garantie, à la ville de Besançon, deux canons et un mortier à grenades. Le capitaine de Mandre commandait la cavalerie et Gouchelans l'infanterie, venue en partie de Gray.

Le premier mouvement du chef s'opéra sur Scey-sur-Saône, car il lui tardait de reprendre son château ; ce qui lui fut facile, car la lâcheté d'un lieutenant français, Romprey, le servit.

Saint-Remy se soumit le même jour, Arteaufontaine le lendemain ; de là, il surprit Pressigny pour se venger du sieur d'Yves qui, lui aussi, avait fait des courses en Comté.

La marche avait été rapide et rappelait celle de Grancey, avec cette énorme différence d'une circulation libre dans son propre pays.

Le succès engendre l'ambition : Ray-sur-Saône n'était rien, de là on passait en Bourgogne, et la prise des châteaux de Dijon à Langres et Chaumont n'était qu'un jeu.

Mais arrêtons-nous à Ray-sur-Saône :

Cette place fut investie les 17, 18 et 19 septembre 1642. Le trompette de Baufremont, somma d'Yves en ces termes : « Rendez-vous, car quelques bonnes que soient vos murailles « que vous tenez, vos gens ne les défendront pas mieux que « votre Pressigny. » D'Yves répondit : « Je n'ai plus rien en « France, il ne me reste que ce château, je préfère m'ensevelir « glorieusement sous ses décombres. »

Cependant de Grancey revenait de Lyon, en repassant par la montagne, dans les environs de Langres. Arrivé à Voisines, à deux lieues de la dite ville, il apprit l'entreprise des Comtois. Il manda en toute hâte à du Hallier et à de Tavannes de lui envoyer sans délai sa cavalerie, prit à Langres, les munitions nécessaires, couchait à Montigny-le-Roy le 17 septembre 1642, retournait du côté de Chaumont et le 18 septembre était à Fayl-Billot. De là, il entendit le canon devant Ray ; il s'écria : « Courage, Messieurs, ils sont à nous, et M. d'Yves est sauvé. »

Le lendemain, dès deux heures du matin, il fait sonner le boute-selle, et en toute hâte, par des chemins difficiles, se dirige sur Ray-sur-Saône par Morey. Tavannes et Roche d'Auxonne marchent en avant ; le général les suit avec huit cent hommes de toutes armes.

Un moment d'émotion avait régné chez les assiégeants, sur un avis de Champlitte ; mais rien n'était venu le confirmer, et ils continuaient leurs opérations, lorsque leurs coureurs jetèrent ce cri : « *Les Français !* »

L'attaque est vive de part et d'autre ; d'Yves, alors occupé à réparer ses brèches, tressaille à la vue du secours inattendu et il s'élance avec les siens. Tavannes et de la Roche avaient simulé une attaque et caracolaient pendant que de Grancey prenait ses dispositions. Nous l'avons dit, l'attaque fut vive et active.

La petite armée comtoise, prise entre deux feux, se comporta fort bien, mais dut céder après trois heures de combat. Son chef, de Beaufremont, était blessé, la plupart des capitaines comtois faits prisonniers, bagages et munitions étaient tombés aux mains des Français. Cependant la bataille ne paraît pas avoir été très meurtrière.

Mais aux petites causes les grands effets ! et si le minuscule combat de Fontaine-Française, sous Henri IV, eut une importance capitale, celui de Ray eut également des résultats relativement considérables.

De là, de Grancey passa à Dampierre-sur-Salon, Montot, Champlitte et Fayl-Billot.

Le 22 septembre 1642, de Grancey avec ses prisonniers entraient à Langres, salué de la tour Saint-Fergeux par les canons pris à l'ennemi.

Ce fut une ovation ! Le vainqueur, aussi habile diplomate que bon tacticien, ne voulut pas prolonger le supplice des vaillants vaincus. Les prisonniers eurent la liberté de se promener en ville ; mieux encore, après les avoir taxés à de modiques rançons, sans autre garantie que leur foi de gentilhommes, il les remit en liberté.

On sut apprécier en haut lieu l'importance de ce nouveau fait d'armes, et de Grancey fut mandé à Paris ; malgré sa blessure, il s'y rendit, mais fut obligé de s'aliter. Le roi d'abord, puis le cardinal de Richelieu — démarche excessivement rare — vinrent le visiter et lui apporter le bâton de maréchal. Ajoutons que ce vaillant était très obèse, il ne pouvait presque plus monter à cheval, mais ne craignait pas de se jeter dans la mêlée, même en carrosse.

Cependant les courses n'allaient pas encore cesser, car les troupes volontaires fournissaient toujours des recrues aux garnisons, mais la plupart s'étaient retirées vers La Mothe. Jonvelle, Chauvirey, Suaucourt, etc., n'étaient plus, les dévastateurs sortiront surtout de Gray, Rupt, Scey-sur Saône, Saint-Remy, Conflans, etc.

« Cette défaite qu'avaient essuyée les Comtois, (la victoire « de Grancey) n'empêcha pas ces mêmes de continuer leurs « excursions et leurs brigandages. Dès le 26 septembre 1642, « quelques soldats de la garnison de Rupt et de Scey-sur- « Saône tuèrent de sang-froid un homme de Pressigny, et « emmenèrent une charrue qui labourait sur le territoire de

« ce village. Ils volèrent pareillement le bétail de Pierrefaite, « ne consistant plus qu'en trois chevaux, une vache et trois « chèvres.

« Le 2 octobre, vingt-cinq cavaliers étaient en embuscade « près de la ferme du Haut-Chemin dans le but de surpren- « dre Rougeux. Les habitants l'ayant su, appelèrent des « mousquetons du voisinage, tuèrent un de ces cavaliers et « mirent les autres en fuite. Neuf jours après, vingt hommes « de Scey-sur-Saône vinrent pendant la nuit pour piller « l'abbaye de Beaulieu ; ils se cachèrent dans les bois. A la « tombée de la nuit ils entrèrent à Maizières, où ils prirent « quatre hommes et tous les chevaux, au nombre de sept. « On les poursuivit jusqu'au bord de l'Amance où l'un deux « se noya et on leur fit trois prisonniers. » (MM. Briffaut et Mulson.

Le 22 octobre 1642, la garnison de La Mothe était à Marcilly et le 25 octobre à Corlée.

Le 15 novembre, les mêmes étaient à Genevrouse, dépendant de la commanderie de Mormant.

Le 11 novembre, les Comtois de Gray pillaient Bourg, etc.

La prise d'Arras avait rendu l'Artois à la France, celle de Perpignan, survenue en septembre 1642 lui donnait le Roussillon ; ainsi sur les Pyrénées, sur le Rhin, dans les Pays-Bas ; les armes françaises étaient heureuses.

Le 4 décembre 1642, mourut le cardinal de Richelieu : son nom est trop étroitement lié à notre sujet pour omettre d'en parler. Comme Louis XI, ce fut un génie qui ne fut guère compris de ses contemporains, comme lui ses conceptions étaient nettes et précises ; mais la rigueur de l'un et de l'autre fut trop souvent extrême. Citons l'opinion de quelques auteurs non suspects :

L'ambassadeur Nani écrivait à Venise : « Richelieu « craignait le repos et la paix, s'estimant plus en sûreté « dans l'agitation des armes ; il fut l'auteur de tant de « guerres... Mais on ne saurait cependant lui refuser les dons « que ce monde a coutume d'attribuer aux grands hommes... « Il a été choisi par la Providence pour diriger les grands « événements de l'Europe. »

Voiture, de Malherbe et autres ennemis du cardinal, le jugent de même dans leurs mémoires. Montesquieu dit : « Le « ministre fit jouer à son souverain le second rôle dans « la Monarchie, et le premier en Europe. »

Louis XIII s'adressant à Fabert, d'origine plébéienne,

jeune capitaine aux gardes, plus tard maréchal de France, l'interrogeant lui dit : — « Je sais que mon armée est « partagée en deux factions, les royalistes et les cardina- « listes : Pour qui tenez-vous? — Pour les cardinalistes, « répondit Fabert, car leur parti est le vôtre. »

Richelieu, marchant droit à son but, n'avait pas plus épargné la famille royale que les autres. La reine-mère, Marie de Médicis, à laquelle il devait son élévation, retirée en une quasi captivité, mourut à Cologne en 1642. En juillet suivant, une sorte de pélerin, couvert d'une serge de gris-blanc, traversa la Brie, la Champagne, nos contrées, etc., accompagné d'un simple valet; mais une escorte peu nombreuse le suivait de près. Reçu partout avec de grands honneurs, on supposa que c'était Gaston d'Orléans, frère du roi, qui encore une fois fuyait la cour.

Louis XIII n'aimait guère son ministre dont il était jaloux, mais il avait su le comprendre, et faisant abstraction de sa personne, il l'avait laissé agir pour le bien de l'Etat. Le souverain ne survivra que quelques mois à son ministre, mais il conservera avec soin les collaborateurs que Richelieu s'était choisis.

XI

Hiver malheureux ; toujours les courses. — Jean de Warods de Magny (dit le Gaucher), sorti de prison ; ses sinistres exploits. — Essai de Pressigny sur Bougey. — Ducerf au chateau de Voncourt pousse une pointe en Comté. — Romprey a Scey-sur-Saone. — D'Yves s'aventure jusque près de Besançon ; cruautés de la soldatesque et luxe de leurs chefs.

Macheret résume ainsi l'année 1642 : « Pour ce qui la « concerne, elle a été très pauvre; les grains, excepté le « trémois, étant assez rares et quasi tournés en herbe. Pour « le vin, il n'y avait pas le douzième de l'année passée. »

« Cette présente année 1643 a été fort incommode en son « principe, tant à cause de la pauvreté que les gens de « guerre nous ont fait ressentir jusqu'à ce jour, qu'au sujet « des rigueurs de l'hiver. »

Avec l'année 1643, vont recommencer les lugubres courses. Remarquons cependant qu'un changement capital s'était opéré dans ces excursions maraudeuses, qui semaient la désolation autant en France qu'en Comté. Les lourds escadrons de Gallass avaient disparu, les mercenaires Suédois et Croates qui étaient restés, s'étaient peu à peu fondus par les excès, les armes et la peste ; les mouvements de cent à deux cents soldats étaient rares, ce n'était plus que des bandes multiples de douze, vingt-cinq et plus, quelque chose comme si, de notre temps, des ouvriers soi-disant sans travail se groupaient pour jeter l'effroi dans un de nos villages. Aussi la résistance se manifestait partout ; mais, malgré le guet continu, survenaient des surprises, et sauf quelques variantes, c'étaient toujours le feu, le glaive, la prise de prisonniers et de bétail, avec la conscience du danger sans cesse renaissant.

***

Jean Warods de Magny, dit le Gaucher, l'ancien gouverneur traître de Jonvelle, était sorti de sa prison de Dijon. C'était, comme on le sait, le capitaine par excellence des courses aventureuses. Décrié dans son pays, il choisit La Mothe pour continuer avec Cliquot la suite de ses sinistres exploits, et il fit payer cher aux Bourguignons et aux Champenois les privations de sa captivité et le prix de sa rançon.

Du 6 janvier 1643 au 15 mai suivant, nous ne signalerons comme courses, que celles de Corgirnon, Varennes, Bannes, Liffol-le-Petit, — (cette dernière, le Gaucher la commande, lui-même), — Hortes, Rosoy, Anrosey, etc.

Le 25 mai 1643, Neuvelle et Bourbonne ont la dure visite de Croates et Comtois.

Le 30 mai, les communautés voisines s'entendaient pour leur défense réciproque. Des soldats en assez grand nombre de Saint-Remy et de Demangevelle furent aperçus. Maizières et Rougeux ne pouvant se défendre, ils appelèrent ceux d'Hortes et de Rosoy. L'ennemi se retira dans un bois ; il fut poursuivi et rigoureusement attaqué, et les fuyards tombèrent dans les gens de Romprey, capitaine de Varennes. Ce dernier n'était autre que le lâche lieutenant qui n'avait su défendre le château de Scey-sur-Saône. Il se conduisit ignoblement envers les paysans victorieux, et s'attribua prisonniers et butin.

Jusqu'au 6 octobre, on signale les attaques suivantes : Serqueux, Corgirnon, les Loges, et surtout Brevoines et St-Geosmes, où l'ennemi enleva, à la barbe de la garnison de

Langres, plus de cent quarante bêtes à cornes, quinze chevaux et bien cinq cents bêtes blanches. Puis Fayl-Billot, Bourbonne, Torcenay, Flagey, Balesme, Cohons, Choiseul, moulin de Chapot, etc., etc.

La situation était devenue telle que les Parlements de Dijon et de Dole s'en émurent et jugèrent la nécessité d'un armistice pour laisser faire semailles d'hiver et vendanges.

Cette suspension d'armes devait durer jusqu'au 15 novembre 1643; heureusement pour tous elle fut prorogée jusqu'au 31 décembre.

Mais le duc de Lorraine n'était pas intervenu dans cette entente; aussi le Bassigny, tenu en coupe par La Mothe, va subir toutes sortes de dévastations Les habitants de Coiffy-le-Bas étant allés tirer leur révérence au seigneur de la Neuvelle, arrivé la veille, furent fort bien accueillis et reçus. Pendant ce temps, la garnison de La Mothe tombait chez eux au nombre de deux cent cinquante et soixante chariots ou autres; ils enlevèrent cent vingt muids de vin, tout le linge et les habits qu'ils conduisirent dans leur forteresse, tandis que les intéressés festoyaient! Rappelons-nous bien que le Gaucher n'avait guère de respect pour un traité, d'autant plus que son nouveau maître n'y avait pas souscrit.

Il ne faudrait pas croire toutefois que les Français se laissaient tondre comme des moutons: leurs incursions en Comté cependant furent plus rares, car le pays était très pauvre et plus dévasté encore par ses propres alliés.

« Faut savoir, dit Macheret, que les garnisons que nous « avions dans nos châteaux de France faisaient la guerre aux « paysans et bestiaux du Comté, et les Croates, Espagnols et « Comtois faisaient pareille guerre aux paysans de France, « sans nul profit pour les deux couronnes. »

« Dans la nuit du 19 au 20 janvier 1643, une trentaine de « partisans sortis de Pressigny sous les ordres de Boulan- « gier, traversent les bois de Pressigny, Preigney, Cherlieu « et arrivent à l'improviste sur le château de Bougey. En un « instant ils ont troué la muraille avec des leviers et des « pioches, et les voilà dans le fort en s'écriant : « France! « Victoire! Rendez les armes ou la mort. »

« Réveillée en sursaut, la troupe se défend vaillamment « sans se déconcerter. Le trompette et le tambour sonnent « l'alarme; on court à l'église sonner le tocsin, la population

« arrive et les assaillants sont repoussés, laissant quelques-
« uns des leurs tués, blessés ou faits prisonniers. »

« Le 6 août 1643, Ducerf ou du Cerf, capitaine langrois qui
« gardait le château de Voncourt, entreprit aussi une course
« en Comté. Il s'était emparé de plusieurs hommes et les
« amenait en France, lorsqu'il rencontra un détachement
« ennemi qui le força à mettre bas les armes et à se rendre
» prisonnier de guerre à Gray,

« Le sieur de Montot, capitaine de Rolampont, à la tête de
« soixante hommes, réussit mieux aux environs de Ray. Le
« baron Marmier de Lonwy, ayant voulu l'arrêter fut fait
« prisonnier, On l'échangea contre Ducerf.

« Un mois après, le capitaine Romprey, qui s'était conduit
« si indignement envers les paysans de Maizières et Rougeux,
« sortit de Varennes avec cavaliers et fantassins et s'avança
« jusqu'aux environs de Scey-sur-Saône. Mais les Comtois
« avertis s'embusquèrent dans un endroit favorable, lui
« tuèrent un homme, en prirent six et mirent les autres en
« fuite. »

Dès le 1er mai 1643, arriva au château de Genevrières le sieur d'Yves, ancien gouverneur de Pressigny, qui avait quitté assez lâchement le château de Ray-sur-Saône. Voulant laver sa tâche, il s'entremit avec un seigneur Comtois mécontent qui avait quitté son château à trois lieues de Besançon. Sûrement conduit, il prit cette place; mais ceux de Besançon vinrent l'assiéger ; il résista victorieusement. Cependant après pourparlers, il sortit avec armes et bagages et son sauf-conduit pour regagner la frontière. Ce fut un dur affront pour l'extrême-Comté qui n'avait pas encore vu pareille audace. (Macheret et Chatelet, varient sur ce fait).

Les tristes procédés entre ennemis peuvent s'expliquer, mais les cruautés et les rapines de la soldatesque, l'orgueil et le luxe de leurs chefs se comprennent moins. Citons ces seuls exemples, entre tant d'autres, relevés dans Macheret :

« Le mardi 5 mai 1643, les soldats du régiment de Grancey,
« qui étaient logés à Preigney, prirent un pauvre homme de
« Bannes, et, après l'avoir battu et outragé, chauffèrent un
« four et le mirent dedans, où il fut rôti et demi mort, et
« pourtant avec l'aide de Dieu, il est sorti et n'est pas encore
« mort de cette cruauté, mais il est demeuré très malade.
« Ceux de régiment n'ont rien laissé à faire des tyrannies
« qui se pratiquent par les plus cruels qui aient été au
« monde, etc. » (Macheret).

« Le 14 mai 1643, le régiment de Courcelles étant logé à « Humes, fut contraint à telles nécessité et pauvreté, faute « de pouvoir faire montre (sans doute de guerroyer) qu'ils « commencèrent à emporter des charges de bois sur leur cou « pendant 18 à 20 jours, ruinant entièrement les maisons des « paysans. Entre lesquels se trouva le fils d'un Parisien, « qui tient et occupe de grandes charges dans la justice, « lequel étant rencontré par deux jeunes hommes qui « l'avaient connu à Paris, lesquels l'importunant de se « déclarer, leur fit en souriant cette réponse : Vous prendrez « la peine d'écrire à mon père qu'à présent je fournis Langres « de bois », puis ayant vendu sa charge de bois quatre sous, « fut conduit dans un honnête logis où il fut habillé à neuf « et lui furent encore données deux pistoles. » (Macheret).

« Faut noter que les capitaines et autres officiers de ce « régiment étaient logés à Langres, et pendant les afflictions « présentes et pressantes de ce pays, se donnaient bon « temps et firent plusieurs ballets, entre autres tant chez le « sieur Bailly Humblot que chez le sieur de Changey, son « beau-frère, auxquels il y avait à chaque fois tant de dragées « que de confiture sèche d'environ six pistoles, sans les frais « infinis qu'ils faisaient pour leurs festins et joueurs, etc. « (Macheret).

XII

1644. — Même situation. — Les courses viennent surtout de La Mothe, conduites en partie par le Gaucher. — Des compagnies de résistance se forment sous la direction de Ducerf, pour sauvegarder semailles et vendanges. — Investissement de La Mothe.

La situation reste stationnaire et les courses vont recommencer, mais elles viendront presque toutes de La Mothe et auront surtout pour théâtre le chemin choisi par le Gaucher pour se rendre dans cette forteresse. De La Mothe à Dijon, voilà l'itinéraire, avec des pointes surtout au Nord, où se trouvaient des campagnes moins dévastées.

La garnison de La Mothe va donc assaillir, successivement du 25 janvier 1644 au 21 novembre : Montigny-le-Roi, Chézeaux, Orbigny-au-Val, Bannes, Lannes, Chalindrey, Chameroy et Rochetaillée. (Rappelons que, dans l'attaque de ces deux villages, surgirent au secours de leurs voisins les habitants de Vitrey, Courcelles, Voisines ; sur 42 pillards quatre furent tués, six prisonniers, les autres se dispersèrent dans les vastes forêts d'Auberive). Puis ce fut le tour de Chatenay-Vaudin, Biesles ; le messager de Langres est pris avec ses dépêches près d'Aujeurres : Fontaine Française est attaqué par le Gaucher, qui a eu l'audace de passer par la Comté pour y arriver. Ensuite Brevoines, Humes, Corlée, Ormancey, Bricon, Haute-Oreille (commune de Bannes), Vesaignes, Voisines, Val-de-Suzon (prise du coche de Dijon), Selongey, Noidant-le-Chatenoy, etc., reçurent la visite de l'ennemi.

Mais le 26 mars 1644, Buzon près de Langres résiste à La Mothe. Vers le même le temps, des Suédois se jettent sur Vesoul, Luxeuil, Faverney, etc., et y commettent des excès.

Le 28 septembre, Ducerf, près de Damblain, rencontre un parti ennemi, tue plusieurs hommes et met le reste en fuite. La situation était si précaire que des compagnies se formèrent et s'offrirent à sauvegarder semailles et vendanges; Ducerf, l'ancien capitaine de Voncourt, était à leur tête.

Le 13 décembre 1644, la forteresse de La Mothe est investie par le seigneur Magalotti, neveu de Mazarin.

XIII

1645. — Siège de La Mothe, reddition de cette forteresse, son anéantissement

La Mothe est investie et l'ère des courses va se terminer. Mais l'armée devra subir les rigueurs d'un rude hiver, et les villages, cent fois ruinés, se défendront de subvenir aux besoins des gens de guerre. Cependant le siège se poursuivra pendant de longs mois avec de nombreux combats. Le duc de Lorraine ne pouvait être indifférent au blocus ; ses gens s'étaient même emparés de canons, etc. qui devaient être expédiés en Allemagne. Ces partisans étaient surtout de Germainvillers (canton de Bourmont) : ils payèrent cher leur audace.

« Le 10 mai 1645, ceux de La Mothe et les assiégeants « ayant reconnu la quantité de morts qui les infectaient de « part et d'autre, à cause des grands chocs qui s'étaient faits « les jours précédents, se sont accordés par ensemble et ont « fait une cession d'armes pour deux jours, afin de lever les « dits corps et les mettre en terre ». (Marcheret).

Magalotti, le commandant de l'armée assiégeante, avait été grièvement blessé dans un combat et mourut, mais le marquis de Villeroy vint le remplacer. L'œuvre était bien commencée; il n'y avait plus qu'à la mener à bonne fin : le 1 r juillet 1645 une entente fut convenue : « La garnison de « La Mothe sortira de la place dans six jours, à moins « qu'elle ne reçoive le secours de quatre mille hommes au « moins ».

« Et le vendredi 7 juillet, environ les huit heures du matin, « sortit la garnison de La Mothe avec son bagage et fut con- « duite en assurance jusqu'à Longwy, et ont emmené jusqu'à « la valeur de quatre cent mille livres de bagages et meubles « précieux appartenant au duc Charles de Lorraine ». (MACHERET).

Jonvelle avait cédé par trahison; ses défenseurs furent égorgés ou pendus aux créneaux.

La Mothe tombait domptée, et sa garnison sortait avec les honneurs de la guerre.

Inutile d'ajouter que cette petite ville fut anéantie et rentra en terre, dit MACHERET, faisant allusion au roi-prophète : *« A facie Domini Motha est terra »*.

Rien de local à signaler en 1645, sauf, la récolte d'un vin excellent.

XIV

1646. — LE CALME RENAIT, ON SIGNALE CEPENDANT ENCORE QUELQUES COURSES. — CARÊME

L'accalmie renaît après dix ans de guerres et de ravages continus : c'est comme un renouveau. Ceux qui ont survécu s'acharnent au prix de mille efforts d'atténuer pertes et misère. Cependant il y a encore quelques courses à consigner, car les bandes de brigands, sans feu ni lieu, n'ont d'autres ressources que la force et la rapine, mais très souvent ils sont rudement reçus.

Ce n'est qu'en 1646 que l'usage des œufs en carême est permis dans le diocèse de Langres.

1647. — Année assez paisible. — Rigueurs du fisc.

Continuation assez paisible de l'année précédente.

Cependant le fisc cruel n'omet jamais ses droits, et il vint réclamer les impôts arriérés qu'il n'avait jusqu'alors pu percevoir. Les quelques survivants avaient à supporter les cotisations attribuées à chaque communauté ; des agents, (il y aura toujours des parasites) s'offrirent même pour relever ces impôts, mais laissons la parole à Macheret :

« ...Je laisse à penser à une bonne et saine conscience « combien est affligé un pauvre pays quand il arrive un « mauvais partisan ou gablou, lequel voudrait, après avoir « emporté la substance du pauvre peuple, en prendre encore « le sang et la vie. » (Macheret.)

1648. — Encore des Courses. — Trou de la Quarte. — Traité de Wesphalie.

Nos contrées seront encore désolées par quelques courses, et certaines troupes françaises, notamment celles de Vacquant, ne seront guère plus humaines dans les quartiers qui leur seront attribués. Cependant la prudence et le besoin de repos avaient enfin conseillé, tant en France qu'en Comté, de mettre fin aux brigandâges.

« L'an 1648, la première semaine après Pâques, le sieur « prévôt des maréchaux de cette ville de Langres eut ordre « du Roi pour faire couper le bois au passage entre le « royaume de France et Comté de Bourgogne... et fit « assembler les communautés des deux Etats, savoir celles « de France pour couper celle de leur côté, et celles du « Comté de Bourgogne pour couper la lisière de leur côté, ce « qui a été fait sans aucun délai, afin d'ôter la retraite aux « voleurs. » — (Macheret.)

Traité de Wesphalie.

Les célèbres victoires de Rocroy, Fribourg, Nordlingen, Lens, etc., portèrent un coup fatal aux ennemis de la France. Déjà depuis trois ans des négociations étaient entamées à Munster, Osnabruch en Wesphalie, sans pouvoir aboutir. L'empereur Ferdinand III dut céder à la force et le fameux traité de Wesphalie fut conclu.

La France en tirait d'immenses avantages pendant que l'Allemagne était cruellement abaissée. C'était virtuellement la fin de la guerre de trente ans, et aussi la décadence de la Maison d'Autriche. L'orgueilleuse Espagne n'adhéra pas à ce traité, et la Franche-Comté, mortellement blessée, restera encore en son pouvoir.

1649.— Rien d'important, signalons seulement :

1°. — Création à Genevrières d'un marché les lundis, et de deux foires, la première le 1er mars et la deuxième le 26 juin.

2°. — En novembre, des Suédois vinrent prendre leurs quartiers d'hiver en Bassigny. Au souvenir des cruautés récentes, les habitants s'enfuirent de nouveau du pays.

3°. — Dans cette année 1649 des loups-garous (on les disait enragés) désolèrent nombre de localités.

On avait passé quelques années, sinon heureuses, au moins plus tranquilles, et tous travaillaient avec courage à relever les ruines et à défricher les champs.

XV

1650. — Guerre de la Fronde ; contre-coups dans les campagnes. — Trahison d'Aigremont, etc. — Récoltes de l'année

La guerre de la Fronde s'était jusqu'alors circonscrite dans les hautes sphères de l'aristocratie, elle va s'étendre dans les provinces et fera perdre la plupart des avantages que la France avait recueillis en ces derniers temps. Sans essayer de l'étudier, nous ne relèverons que les faits qui peuvent nous intéresser :

Charles de Lorraine, par le traité de Wesphalie, s'était vu enlever une partie de ses états, mais on lui avait laissé ses armes. La prise de La Mothe lui était cuisante ; pour la remplacer, il songea à Aigremont, qui n'était pas éloigné. Cette forteresse était comme un nid d'aigle juché sur le sommet d'un mont presque à pic ; à elle seule elle vaut son histoire. Place importante dès Charlemagne, les générations qui s'y étaient succédées l'avaient presque rendue inexpugnable pour l'époque.

Le samedi 16 août 1650 et le lendemain, le comte de Rosnay, usufruitier de la baronnie d'Aigremont, vendit cette place à Charles de Lorraine ; soixante-seize cavaliers y entraient la nuit suivante.

L'émoi fut grand à Langres à la nouvelle de cette trahison ;

les milices en grand ordre et bien munies, s'empressèrent d'aller faire le blocus de l'antique donjon, devenu félon, sous la conduite du capitaine Ducerf, bien connu.

Mais une complication surgit : des seigneurs du Bassigny comptaient des chefs plus élevés en grades et qui prirent la direction de l'expédition, négligeant Ducerf et mettant avec soin les Langrois en péril. C'est que très proches voisins et parents, ils ne voulaient pas nuire à leur cousin, le traître d'Aigremont ; la population se mit de leur côté, et les Langrois, la rage au cœur, crurent prudent de s'éloigner.

Un autre essai eut lieu le 30 août 1650 ; les Langrois se dirigèrent de nouveau sur cette forteresse, mais ils s'arrêtèrent à Saulxures, avisés par les chefs du Bassigny qu'une forte armée ennemie les attendait ; ce qui était faux.

Citons à cette occasion les remarques fort judicieuses du vénérable Macheret :

« ...Il se considère combien la noblesse est ennemie de la « paix, de la grandeur et prospérité des villes de France et « de la fidélité qu'elles ont pour leur roi et voudrait voir « tout en ruine pour se rendre nécessaire... »

Parlant des intrigues du Parlement, il dit : « ...Ce qui a « bien montré combien la passion d'un peuple échauffé dans « son sang est dangereuse, et qu'il est bien difficile d'épouser « un parti sans une trop grande altération d'esprit et une « grande confusion en son sentiment, et que ce Sénat est « bien aveuglé en ses passions et éloigné de la Justice... »

Pour repousser des incursions lorraines les milices langroises s'ébranlent et Macheret écrit : « Voyant nos ennemis « entrer en France et n'étant épaulé d'aucun... de la lâcheté « de la plupart de la noblesse française, laquelle fait bon « visage à tout venant, et à la façon des girouettes tourne à « tout vent... »

D'après le même, l'année 1650 aurait été très humide, blé et autres grains auraient été fort rares, le vin rouge se vendait six sous la pinte et le blanc dix sous.

***

Le 11 janvier 1651, d'Yves, avec sa milice langroise reprend Aigremont après plusieurs assauts donnés.

On sait que d'Yves avait été gouverneur de Pressigny.

Par ordre du roi, l'antique et fier donjon fut rasé ; les mines complétèrent l'œuvre. — Aigremont n'était plus.

Le comte de Rosnay et son épouse, convaincus de trahison, furent condamnés à mort et effigiés à Langres.

« La guerre n'était pas finie ; notre contrée souffrit encore « du passage de diverses troupes françaises. En mars 1651, « le colonel Champagne, lorrain de nation, avait son « quartier à Marcilly, et ses soldats causaient beaucoup de « maux aux paysans. Le jour de l'Ascension, ils livrèrent « Hortes au pillage. Ils prirent cent vingt bêtes, grosses et « menues, quarante-cinq muids de vin, 300 hémines de grains, « linge, habits, instruments agricoles, etc.

« Le 8 mai, le général Rose, allant de Paris à Strasbourg « avec 142 cavaliers, vint coucher à Fayl-Billot.

« Le 4 juin, arrivèrent au pays langrois trente-trois com- « pagnies de la garnison de Stenay, appelées régiment de « Turenne. Elles établirent leurs quartiers à Thivet, Nogent, « Montigny, les deux Coiffy, Poinson-les-Fays, Bussières-les- « Belmont, Chalindrey, Heuilley-Cotton, Heuilley-le-Grand. « Ces troupes devaient, pour se rafraîchir, stationner pendant « six semaines, et recevoir par mois douze mille livres « prises sur l'élection de Langres. Mais la présence de cette « armée épuisait les ressources locales sans intimider les « ennemis. (MM. Briffaut et Mulson).

A noter l'article suivant, qui nous touche de très près.

« La garnison de Château-sur-Moselle, au nombre de 25 « cavaliers, s'étant transportée le 13 juillet 1651 à Pressigny « dès le matin, et ayant emmené trente-neuf bêtes, tant « chevaux que bœufs et vaches et plusieurs prisonniers, a « été poursuivie par dix de cette communauté qui, par la « grâce de Dieu, ont fait bon apprentissage en ce métier ; et « les poursuivirent tant qu'ils les rencontrèrent à cinq lieues « de Pressigny, au-delà de la Saône, qu'ils passèrent à gué, « la plupart d'entre-eux à jeun, et retournèrent tous leurs « bestiaux et prisonniers, même tuèrent un cavalier, en « blessèrent plusieurs et rentrèrent n'ayant perdu qu'un « poulain. »

« Le 14 juillet, la susdite garnison de Château-sur-Moselle « avec celle de Conflans, étant au nombre de 17 cavaliers et « quelques piétons, pour venger l'un des leurs, tué par ceux « de Pressigny, s'assemblèrent et vinrent, pensant surpren- « dre le château de Pressigny, puis brûler le village ; mais « ceux de Pressigny furent avertis, ils mandèrent les « communautés voisines, savoir : Bussières, Belmont, « Tornay, Genevrières, Savigny, Belfond et autres, et ayant

« dressé une embuscade les attendirent de pied ferme. Ils en « tuèrent dix, en blessèrent plusieurs, et s'en retournèrent « seulement deux qui ne reçurent aucune blessure, les cinq « autres égarés n'ont point reparu en leurs quartiers.

« Les dix morts fouillés et leur bagage mis à prix, fit pour « chaque soldat six livres dix sols, étant au nombre de « soixante, sans compter ce qu'ils ont butiné à part, etc.

« Ensuite de ce qui s'est passé en la défaite des dix soldats « tués, et cinq blessés au village de Pressigny, le 14 juillet, « le sieur Mathey, prêtre-curé du dit lieu, m'a assuré qu'un « des dix soldats tués, après avoir été blessé à mort, plus de « vingt coups qu'il n'en fallait pour mourir, et interrogé s'il « avait un caractère, il dit tout haut : *Non*, mais vous ne « pouvez me faire mourir qu'avant je n'aie été confessé. « Quoy voyant, quelqu'un des spectateurs, mu de compassion « fit appeler le sieur Mathey, prêtre et le conduisit auprès « du blessé, lequel se confessa très articulement et très « dévôtement, et après avoir reçu l'absolution mourut « aussitôt ; ce qui étonna grandement tous les assistants, et « l'ayant visité trouvèrent un petit scapulaire de N. D. « du mont Carmel et un chapelet sur sa personne, *et ont « attribué* le retard de sa mort jusqu'après être confessé « à quelque vertu divine, miracle ou assistance de la Sainte « Vierge. (Macheret).

Pendant une trêve avec la Lorraine, une armée française était venue se rafraîchir dans le Bassigny et le pays langrois; elle y demeura du 7 au 23 septembre 1651. Elle ruina de nouveau la contrée ; elle ne la quitta que lorsqu'elle n'y put plus vivre.

Macheret ne nous dit rien des récoltes de 1651 qui, d'après ce qui va suivre, durent être précaires, mais il relate qu'au 22 décembre même année, le commencement de l'hiver a été très clément, au point que les fleurs sont sorties de terre, notamment les tulipes ; dans certains champs, les seigles sont montés en tuyaux, certains arbres ont des bourgeons ouverts et les navettes font montre de vouloir fleurir.

***

1652. — La lamentable guerre de la Fronde continue à semer la division et à déconcerter les meilleures intentions.

Les Grands, coalisés, cherchent à l'extérieur des alliés partout, même en Angleterre qui leur répond en ce sens : « Mettez la France en République, je vous aiderai, mais si

« vous voulez usurper la couronne, je préfère conserver mon « alliance ancienne et d'amitié. »

A la faveur de ces troubles, les courses recommencent avec plus d'audace et d'activité.

Le vendredi 19 avril 1652, l'armée du duc de Lorraine étant campée dans les environs de Luxeuil, 400 cavaliers sont détachés pour une razzia et tombent sur Morey, Charmes et Bourguignon : « ...Ils ont tout volé et raflé ce qu'ils ont pu « trouver tant en pain, vin, grain, habits, vaisselle, argent « monnayé et non monnayé, que chevaux et bestiaux, « et même ayant eu à rencontre quantité de vin qu'ils n'en « pouvaient emmener, l'ont lâché dans les caves, outre « quantité d'autres maux, etc... (Macheret).

Les récoltes de 1651 avaient été très mauvaises ; la famine allait sévir avec tout son cortège de désolation et de tristesse.

« Dès la fin de mai et juin 1652... est arrivée une pauvreté « si grande que les affamés du pays ont mangé jusqu'aux « charognes de chevaux. Un cheval — (de l'évêque de « Langres) — qui répandait une odeur qu'on ne pouvait « ni souffrir ni sentir, fut conduit hors de la ville pour être « écorché, ne fut pas plutôt dévêtu que le peuple y accourut « avec une telle avidité... laquelle chair fut enlevée en moins « d'une heure.

« Des malheureux, morts de faim, furent dévorés par les « loups. Une pauvresse, ayant encore son enfant dans ses « bras, fut trouvée avec de l'herbe dans sa bouche et l'enfant « encore vivant.

« ...Ceux de Pouilly et de Parnot mangent dans les prés « comme des bêtes, sont noirs et secs comme des squelettes « et ne peuvent plus cheminer..., les peuples d'Arc-en-Barrois, « de Lorraine, de Nogent-le-Roi viennent tous les jours « acheter du pain à la livre, et sont quelquefois devant une « boulangerie 2 jours avant d'en avoir, et même on leur « vend du creux — (du son) — jusqu'à quarante sols le « bichet... » « Enfin juin 1652, la chèreté a été si grande « qu'à Langres, la michette s'est vendue six sols dix deniers. — (Bien noter que la valeur monétaire était loin d'être celle d'aujourd'hui)... — « pour les grains il n'y avait point de « prix... les habitants des villes recevaient quelque chose, « mais les villageois ne pouvaient rien obtenir à quelque « prix que ce fut... etc., etc. (Macheret).

Après tant d'épreuves et d'angoisses, l'esprit humain avait semblé faiblir. C'était comme un renouveau de l'an mil, et quand on apprit que, le 8 avril 1652, une éclipse solaire devait avoir lieu, les pauvres gens, qui n'avaient guère d'autres livres que le firmament, furent glacés d'effroi. Splendide éclipse cependant! et MACHERET semble partager l'émotion de tous, quand il la rappelle.

La prudence par ces temps malheureux était de règle, d'autant que de nouveaux troubles étaient à prévoir, et que le peuple était affamé. Aussi au moment de la récolte, ceux du bailliage de Langres ordonnent que dans la quinzaine, les laboureurs battent et ramènent les grains, et ceux qui n'auront pas obtempéré à cet arrêt en supporteront les conséquences à quelque prix que ce soit.

« La présente année 1652 a été très mauvaise, très « pernicieuse et très dangereuse ; très mauvaise dans la « chèreté des vivres, particulièrement pour le pain, lequel « n'a jamais été si cher, très pernicieuse dans les partialités « des misérables brigues et divisions des esprits français, et « enfin très dangereuse en ce que si les bonnes villes de « France eussent voulu lâcher pied à leur fidélité, comme a « fait la ville de Paris, elles auraient mis l'Etat de France en « proie, et les étrangers, qui ne peuvent sur nous que par « nos divisions, auraient fait une belle main ; mais la Sainte « Vierge qui a reçu la France en sa protection, l'a conservée « par une grâce toute particulière, etc... » (MACHERET).

XVI

TOUJOURS DES COURSES EN FRANCE. — LORRAINE ET FRANCHE-COMTÉ PARTAGENT LE MÊME SORT. — NEUFCHATEAU VEND HUIT DE SES CLOCHES A LANGRES, DONT TROIS ÉTAIENT DE DATE RÉCENTE, ET CELA POUR PAYER CONTRIBUTION DE GUERRE. — 1653.

Le 22 mai 1653. — « Le susdit jour, les cavaliers du régiment « de Bouillon, en nombre d'environ 130, furent forcer le « village de Poinson, proche de Fayl-Billot, ont pris « du butin, tant de ceux du dit village que des pauvres « circonvoisins qui s'y étaient réfugiés, à cause qu'il est de « la Province de Bourgogne — et a été estimée cette perte à « plus de 22,000 livres. » — (MACHERET).

Le 5 juin. — Condé était toujours rebelle et allié à l'Espagne ; on lui enleva sa belle forteresse de Bellegarde, précédemment appelée Seurre. Ses partisans se défendirent fort bien, étant approvisionnés de tout; cependant la poudre finit par leur manquer et ils capitulèrent. Mais par déférence pour Condé on les respecte et on leur fournit tous moyens de se rendre à Stenay, où le prince tient ses quartiers.

Le 30 juillet. — *Conseil des Grands à St-Pelegrin.* — Assistaient à ce conseil, d'après Macheret : Comte de Tavannes, seigneur du Pailly et de Prangey ; de Coublanc, seigneur de Piépape ; de Lanques, baron de Fouvent et Laferté ; de Grecia, seigneur de Dammartin ; marquis de Bourbonne, de La Neuvelle, seigneur du dit; le sieur Boissier, commandant d'Aumonière, et le frère ermite de la dite chapelle. Les résolutions prises en ce conciliabule restèrent secrètes, et Macheret n'en augurait rien de bon.

Le 11 août 1653. – Les seigneurs ci-dessus se rendirent à Langres, espérant gagner les esprits ; tentative trop téméraire, car déjà le peuple n'entendait plus se soumettre pour servir des desseins ambitieux.

Macheret, malgré les troubles intérieurs, résume ainsi l'année 1653. — « Par la grâce de Dieu nous avons eu suffi-
« samment de blé et de vin, pour les trémois et navettes ils
« ont été assez rares. Pour les maux, tant de guerre que de
« subsides, ils ont toujours continué de pareille égalité que
« du passé.

1655.— « Cette présente année 1655 a été assez modique en
« pain, en vin et en fruits, lesquels ont été de pauvre goût.
« Les guerres continuent d'oppresser le pauvre peuple ».

1656. — Pour notre contrée aucun événement important à signaler et Macheret écrit : « Cette année a été assez plan-
« tureuse, tant pour le pain que pour le vin, lesquels ont été
« très excellents, pour les légumes et les fruits n'ont pas été
« en si grande abondance, pourtant ont satisfait au peuple.
« mais les guerres plus grandes qu'au désir de l'homme... »

1657.— Dans son résumé annuel, Macheret dit : » Cette
« année a été assez abondante en pain et en vin ; ce vin
« n'était pas des meilleurs et fort peu délicat, sentant le
« pourri en partie. Pour les fruits ils ont été rares et sujets
« à la corruption.,. »

1658.— Le vénérable Clément Macheret s'éteint et va nous priver de ses précieuses et judicieuses observations. Tous les auteurs locaux, depuis soixante ans, ont abondamment puisé dans son journal personnel de cent soixante-cinq feuillets non paginés, et y ont trouvé le sujet de leurs plus palpitants récits.

Sa dernière remarque est du 1er juillet 1658 ; dans son patriotisme, il se réjouit de la prise de Dunkerque. Ce fut un digne prêtre, d'une prudence exemplaire, et conservant précieusement ses sentiments de paysan roturier. L'Annuaire de 1811, page 156, dit qu'il mourut en 1660.

***

Rappelons ici la bataille des Dunes, qui devaient mettre fin à ce long état de guerre. Elle eut lieu près de Dunkerque; l'armée espagnole était commandée par don Juan et de Carracena, de ces obséquieux grands d'Espagne ; Condé toujours rebelle, était avec eux.

Turenne était à la tête de l'armée française, et de solides régiments anglais, sous la conduite de Lockhart, débarqués à Boulogne, devaient lui prêter appui.

C'était le 13 juin 1658.— Il y eut conseil de guerre au camp espagnol ; Condé, qui s'y connaissait, cherchait à dissuader les chefs de s'engager dans les dunes (terres sablonneuses rejetées par les derniers flots de la mer). « Vous n'y pensez « pas, disait Condé, ce terrain n'est propre qu'à l'infanterie, « et celle des français est plus nombreuse et mieux aguerrie.» Don Juan répliqua : « Si les Français osent combattre, jamais les armes d'Espagne n'auront vu plus beau jour ». « Très beau, dit Condé, si vous ordonnez la retraite ; vous ne connaissez pas M. de Turenne ». De son côté Turenne avait écrit à Lockhart ; l'officier chargé de ce pli, voulait expliquer le plan de son général. « C'est bon, dit Lockhart, je m'en rapporte à M. de Turenne ; il me dira ses raisons après la bataille, si cela lui convient. » Quel contraste entre la mâle discipline anglaise et le frivole orgueil espagnol !

Aussi le lendemain 14 juin, quand le combat s'engagea, Condé dit au jeune duc de Glouchester : « Avez-vous jamais vu bataille ? Non, répondit-il. « Eh bien ! vous allez voir comme on en perd une ».

La bataille des Dunes fut complètement perdue pour les Espagnols ; leur armée se retira en désordre, laissant quatre mille prisonniers, et Turenne écrivait le soir à sa femme : « Les ennemis sont venus à nous, ils ont été battus. Dieu soit loué ! J'ai un peu fatigué toute la journée ; je vous donne le bonsoir et vais me coucher. » Quelques jours après, le 23 juin 1658, la garnison de Dunkerque était épuisée, elle capitula. Le roi et Mazarin remirent bien à regret cette place aux Anglais, mais ils voulaient donner une preuve de leur bonne foi.

L'Espagne était définitivement vaincue ; la diplomatie devait faire le reste.

***

Le calme renaît en France, mais nos populations si éprouvées restent encore sous l'impression du danger imminent. Les prières publiques se continuent, etc. et la procession de Fayl-Billot à la cathédrale de Langres est restée célèbre parmi toutes les autres ; elle eut lieu en 1659, pendant l'octave de la Pentecôte. M. l'abbé Briffaut dans son Histoire de Fayl-Billot (page 77) en raconte tout au long la superbe ordonnance.

***

1659-1660. — L'âge de Louis XIV faisait songer à son mariage ; la reine-mère et Mazarin en délibéraient sérieusement.

La nièce du Cardinal ne déplaisait pas au jeune roi, elle fut reléguée au couvent par son oncle : la jeune reine de Suède, fille de Gustave-Adolphe, lors de son séjour à Paris, lui avait dit : il faut épouser celle qu'on aime. La fille du duc de Savoie, fut sur le point de lui être fiancée, etc.

Mazarin un jour entra chez la reine-mère : Bonne nouvelle, Madame, lui dit-il. — Eh quoi ! serait-ce la paix ? — Mieux que celà, j'apporte à votre Majesté la Paix et la main de l'Infante. Il avait su déjouer toutes les intrigues et avec une patience sans nom il avait tout prévu et aboutissait enfin.

Le 7 novembre 1659, le Traité des Pyrénées couronna son œuvre. L'Espagne qui n'avait pas voulu souscrire au traité de Westphalie, qui avait spéculé sur la trahison des Grands et la guerre de la Fronde, était obérée et impuissante.

La paix fut conclue au milieu de la Bidassoa, dans l'île des Faisans, par les ministres Mazarin pour le roi de France et Louis de Haro pour le roi d'Espagne. Notons que la Bidassoa est une petite rivière assez impétueuse qui descend des Pyrénées, coule à l'ouest et sert de frontière entre la France et l'Espagne.

Par le traité des Pyrénées, celui de Westphalie était reconnu : la France abandonnait à l'Espagne ce qu'elle possédait en Espagne, et la Franche-Comté, mais conservait l'Artois, le Roussillon, plusieurs places en France, en Hainaut, etc.

La clause principale était le mariage de Louis XIV avec l'Infante Marie-Thérèse d'Autriche, fille aînée du roi d'Espagne. Par le contrat, cette princesse déclarait renoncer aux droits qu'elle pouvait avoir sur la succession paternelle, moyennant le paiement d'une dot de cinq cent mille écus d'or au soleil.

Notons le mot *moyennant* inséré dans le contrat par l'habile Mazarin. Il savait l'Espagne ruinée, devinait que la dot ne serait pas versée et ménageait l'agrandissement éventuel de la France, ou tout au moins voulait lui créer des droits sur la succession de Philippe IV.

L'œuvre d'Henri IV était consommée ; la célèbre Maison d'Autriche était humiliée et vaincue dans ses deux branches ; l'homme qui avait conclu la paix de Westphalie et celle des Pyrénées avait le droit de dire : « J'ai le cœur plus français que le langage ».

Les deux futurs époux étaient cousins germains ; les dispenses de parenté et autres formalités, retardèrent le mariage jusqu'au 3 juin 1660. Don Luis de Haro, par procuration, épousa l'Infante au nom du roi de France en l'église de Fontarabie ; le lendemain, le roi d'Espagne et sa sœur Anne d'Autriche se rencontrèrent dans l'île des Faisans, dont nous avons parlé plus haut, après quarante-cinq ans de séparation.

Le mariage définitif eut lieu à St-Jean-de-Luz, le 9 juin 1660.

***

1661. — Mazarin s'éteignait, mais son œuvre était accomplie. Digne successeur de Richelieu, il avait combattu avec d'autres armes, et si le premier n'épargnait pas sa fortune personnelle, son successeur, âpre au gain, ménageait la sienne. Mazarin apparenta sa famille aux plus nobles lignées, qui n'eurent qu'à s'en féliciter ; mais, par respect pour son souverain, il ne permit point à sa nièce, Marie, de caresser l'espoir de devenir un jour reine de France. Ses trop grandes richesses troublaient son esprit ; il en fit l'abandon au roi qui les lui rendit aussitôt. L'âme du Cardinal était tranquillisée ; il lui dit alors : « Sire, je vous dois tout, mais je crois m'acquitter en vous donnant Colbert. » Il mourut le 9 mars 1661.

Le Cardinal mourant avait dit à Louis XIV : « Faites vos affaires vous-mêmes, sire, et n'élevez pas de premier ministre où vos bontés m'ont placé ; j'ai connu par les choses que j'aurais pu faire contre vous, combien il est dangereux à un roi de mettre ses serviteurs en pareil état. » (GUIZOT).

Il connaissait bien le roi qu'il avait vu naître et il répétait : « Il y a en lui l'étoffe de quatre rois et d'un honnête homme ».

Aussi quand les grands dignitaires viendront lui demander à qui ils devront s'adresser : « A moi seul, » répondra Louis XIV, et quand un ambassadeur viendra l'entretenir sommairement d'une affaire et ajoutera : « Nous terminerons cela avec vos ministres, » il ripostera : « Je n'ai point de ministres ; je n'ai que des gens d'affaires. » Le jeune roi travaillera tous les jours huit heures, et se montrera digne de sa haute mission.

Son règne personnel durera cinquante-quatre ans, qui peuvent se diviser en deux périodes égales, l'une de gloire et de prospérité, l'autre mêlée de beaux succés et de cruels revers.

Franchissons un certain nombre d'années presque entièrement employées à la réorganisation des services administratifs, de la guerre et de la marine, et arrivons à l'année 1665.

Le 17 septembre, mourait le roi d'Espagne, Philippe IV, père de la reine de France. La guerre de dévolution allait commencer.

XVII

La Guerre de Dévolution

Louis XIV n'avait jamais renoncé aux droits de la reine sur la succession d'Espagne, car le roi n'avait pas payé la dot, et le fameux « moyennant » trouvait son heure.

La dévolution était une étrange coutume du Hainaut et d'autres provinces, attribuant aux enfants du premier lit la succession des biens paternels à l'exclusion de la postérité du second lit. Louis XIV avait beau jeu dans les affaires des Pays-Bas, car la reine, sa femme, était l'unique enfant issue du mariage de Philippe IV ; aussi pouvait-il dire : « Je ne puis pas en un instant changer du blanc en noir. Ce n'est ni l'ambition ni le désir de gloire qui m'inspire, mais n'y aurait-il pas honte qu'un roi laissât violer en sa personne, en celle de son épouse et de son fils, tous les privilèges du sang et de la loi ».

En attendant, il préparait une superbe armée de cinquante mille hommes, bien décidé à revendiquer ses prétentions sur Anvers, le Limbourg, le Hainaut, le Nassau, etc. Le roi voulut présenter à ces populations sa femme, leur princesse, et l'enthousiasme fut grand ; mais les Flamands avaient ouvert leurs écluses, une inondation s'en suivit. On sait que le sol de ces riches pays est moins élevé que le niveau de la mer. Par des travaux gigantesques dûs au labeur des siècles, l'homme avait combattu contre les flots, et des digues prodigieuses servaient à double fin, contre la mer surtout, contre l'ennemi par surcroît.

Tout ceci n'était qu'un jeu de guerre qui jeta l'émoi par toute l'Europe ; un semblant de traité fut même signé à Bréda.

Tandis que la Franee grandissait, l'Espagne déclinait ; les trésors du Nouveau Monde l'avaient enrichie, mais énervée et par suite diminuée, car le travail est le seul vrai trésor, et loin d'affaiblir ceux qu'il enrichit, il retrempe leurs forces.

L'Espagne avait alors pour roi un enfant de quatre ans ; sa mère, déclarée régente, n'était pas une Anne d'Autriche et n'avait pas un Mazarin pour la servir.

Une triple alliance s'était formée pour venir au secours de l'Espagne devenue impuissante ; mais par les soins de De Lionne, Louis XIV avait en main tous les fils de la trame. On sollicita un armistice : le roi de France l'accepta jusqu'au 31 mars 1668.

L'impertinent gouverneur des Pays-Pas répondit : « Je me contente de la suspension que l'hiver impose au roi de France ». — Il ne faut pas éveiller le chat qui dort !

***

1668. — Depuis longtemps nous n'avons guère parlé du grand Condé, afin de n'avoir pas à enregistrer ses défaillances. Par le traité des Pyrénées, on lui avait tout pardonné, rendu titres et biens et, dans une entrevue, il avait deviné le Roi-Soleil. Cependant, malgré tout, il était un peu tenu à l'écart ; son impétuosité s'était murie, mais son âme guerrière souffrait et quand le roi lui confia une nouvelle mission, il l'accepta avec une ardeur et une loyauté qui ne faillirent plus jamais.

Sous prétexte d'assister aux Etats de Dijon, Condé étudiait exactement la Franche-Comté qui, délaissée de l'Espagne, était sans troupes ; elle espérait de la France une généreuse neutralité, d'autant plus que Richelieu, Mazarin et les suivants, la sachant bien vaincue, la ménageaient.

On lit dans le Journal d'Olivier d'Ormesson (T. II, page 542) : « Cependant le roi de France a fait marcher son armée « sans découvrir son dessein, et les habitants de la Franche-« Comté se sont vus attaqués sans avoir su qu'ils devaient « l'être. Besançon et Salins se sont rendus à la vue des « troupes ; le roi, en arrivant, est allé à Dôle, a fait installer « les contre-escarpes et demi-lunes, où il y a eu quatre cents « hommes de tués. Les habitants, très étonnés, se voyant sans « troupes et sans espérance d'être secourus, se sont rendus « le Mardi gras, 14 février 1668. Le roi a marché en même « temps sur Gray. Le gouverneur a fait semblant de se défen-« dre, mais le Gouverneur général, qui est du pays et y a tout « son bien, s'est venu rendre au roi, et étant allé à Gray, a « persuadé au gouverneur de se rendre. Ainsi le roi y est « entré le dimanche 19 février 1668 et y a fait chanter le *Te* « *Deum*, ayant à sa droite le gouverneur général et à sa « gauche le gouverneur particulier. En vingt-deux jours du « mois de février, il est parti de St-Germain, a été en Franche-« Comté et est revenu à St-Germain. » (d'Ormesson).

A ce propos, rapportons une anecdote qui se répandit : on disait que devant Dôle, Condé avait perdu ses souliers. Il en rit beaucoup et la raconta à peu près à ces termes : « On « vint m'avertir que le roi s'était trop avancé et était en dan-« ger, je me précipitai vers lui pour l'en arracher; descendu « de cheval, mon soulier s'embourba et j'eus la confusion de « me rechausser devant mon souverain. » Survint le traité d'Aix-la-Chapelle, signé le 2 mai 1668.

Louis XIV gardait ses conquêtes dans les Pays-Bas et rendait la Franche-Comté, mais auparavant il avait eu soin de démanteler Dole, Gray, etc. et de fortifier les puissantes places du Nord. De la Comté, disait-il, j'en serai maître à toute heure.

En 1674, cette province sera de nouveau soumise et de nouveau rendue.

***

De 1668 à 1679 inclus, nous franchissons encore des années parsemées d'intrigues, d'alliances et de guerres que nous n'avons pas à raconter, mais qui avaient mis en relief Guillaume d'Orange, prince de Nassau, que les Hollandais avaient placé à leur tête avec le titre de stathouder. Ce jeune prince de vingt-deux ans, faible et maladif, dans sa haine profonde pour la France, puisera l'énergie pour soutenir la lutte contre Louis XIV et arrêter ses succès.

Dans l'intervalle d'un traité, Turenne tomba au champ d'honneur, tué par un boulet à Salzbach, le 27 juin 1675. Ce fut un deuil général ! Ses restes précieux, seront ensevelis, comme ceux de Duguesclin dans le tombeau des rois. Les sans-culotte de 1793, jetteront au vent les cendres des souverains, mais épargneront seules celles d'Henri IV et de Turenne.

Le traité de Nimègue, survenu en 1678 en comporte trois au nom de Louis XIV : 1° avec la Hollande (16 août); 2° avec l'Espagne (17 septembre); 3° avec l'Allemagne (5 février 1679).

Ces traités mirent fin à la guerre de l'Europe coalisée contre la France. Par le traité de Nimègue certaines transactions furent convenues en tant que conquêtes et territoires : dorénavant la France possédait une ligne de places fortes qui s'étendaient de Dunkerque à la Meuse, et surtout la Franche-Comté était à tout jamais adjugée à la France !

Notons que la Franche-Comté avait partagé l'orgueil de l'Espagne, lui était fidèlement et fièrement attachée, et il y a moins de cent ans, quand nos pères allaient à la foire de Morey avec la longue blouse de toile blanche, (sarrau des antiques Gaulois), et leur bonnet, on disait : Voici les Françillons. Comtois et Lorrains des environs désignaient ceux de Champagne de Bassignots (du Bassigny). J'ai connu un vieux Comtois, mort il y a environ trente ans, très considéré à juste titre, qui, parlant de nos villages disait : en France, comme ses aïeux.

Bien chers amis, nous ne sommes plus à l'extrême frontière, Dieu veuille nous en préserver ! espérons n'avoir plus à souffrir une telle situation. Dorénavant notre histoire se confondra avec l'histoire générale de la France, partageant également ses gloires et ses vicissitudes.

SAVIGNY ET VONCOURT

DEUXIÈME PARTIE

CHAPITRE PREMIER

Son Eglise et ses Curés

L'origine de Savigny paraît fort ancienne; rien ne le prouve mieux que son vieux cimetière et son antique église, démolie en 1851, et reconstruite dans la même année.

Il paraît certain que le cimetière, outre son étendue actuelle, comprenait tout l'emplacement du presbytère et de ses dépendances; on en a trouvé une preuve assez plausible, il y a quelques années, quand relevant une grande brêche du mur est de la cour, on s'est heurté à de nombreux ossements humains. Dans le cimetière et ses annexes, on a découvert des cercueils en pierre blanche, deux notamment sous la porte de grange de la cure. Vers 1850, à l'angle nord-ouest de la sacristie, en creusant une sépulture, on mit à jour un de ces cercueils; le squelette du cadavre était parfaitement conservé, on put même constater qu'un tibia avait subi une fracture; vers la même époque, on retrouvait, dans un autre endroit, les débris d'un autre tombeau.

Le presbytère actuel n'a guère que deux cents ans d'existence; sa disposition un peu moderne le prouverait assez; mais une chose certaine, c'est que l'ancienne cure était ce qui fut depuis la maison Viard. Elle était vaste, avec belles dépendances et cour fermée : son emplacement est noyé dans les constructions récentes du château; il n'en reste rien, sauf le puits qui passait pour le meilleur du pays.

Des anciens prétendaient que l'ancienne cure, depuis, la maison Viard, avait été jadis un prieuré. Rien ne prouve cette assertion plus que douteuse; cependant une vieille tradition, de vagues souvenirs, plaçaient là un cimetière qu'on disait du Prieuré de Savigny. Peut-être avait-on découvert quelques traces de sépultures; mais ce n'est qu'en 1875 que l'on mit à jour les lugubres restes d'un champ de bataille, débris humains ensevelis avec des armes dans plusieurs fossés, à environ 0 m. 60 du sol, situés parallèlement au mur ouest du pavillon Saint-Hubert.

***

L'ancienne église de Savigny se composait de deux constructions bien distinctes et d'âges bien différents. La première, celle réservée aux hommes, datait environ du XIIe siècle; on peut supposer qu'elle fut d'abord une chapelle seigneuriale. Solidement construite, appuyée contre de puissants arcs-boutants, elle pouvait encore défier des siècles.

Elle n'était éclairée que par trois petites fenêtres cintrées au fond du chœur, et une plus grande du côté de l'épître; la voûte était d'une hauteur moyenne: l'entrée au début devait se trouver au nord, où subsistaient encore les traces d'une porte cintrée. Le tout surmonté à l'ouest d'un clocher-pignon, percé de deux baies où se balançaient avant 1791, les deux cloches de Savigny. Tel est le cachet primitif de l'église, qui, dans ses proportions étroites, présentait un ensemble parfaitement harmonisé. Le chœur actuel des églises de Pressigny et de Poinson, sauf les détails de décor et des chapelles latérales, peuvent donner un aperçu de ce qui était ici.

Dans l'ancienne église, sous la grande arcade, régnait un porte-croix très élégant, en fer forgé; il n'en reste que la croix sans crucifix qui domine le toit du chœur de l'édifice actuel.

Sauf la partie inférieure, le maître-autel de la vieille église était fort beau; il fut vendu, croyons-nous, pour l'église de Grandchamp.

De chaque côté, au-dessus de la boiserie ornant le chœur, étaient les statues de St Maurice et de St François.

Le dallage du chœur n'était autre que les tombes des seigneurs; elles ont été retaillées et plusieurs pavent l'allée de la nouvelle église, qui met en communication les deux portes latérales; la belle balustrade en fer forgé, a été replacée devant le chœur.

La partie de l'ancienne église réservée aux femmes était d'un âge plus récent et moins solide; le faîte de la toiture était inférieur; c'était une bâtisse rectangulaire sans aucune prétention architecturale, avec un plafond uni, sans point d'appui pour en garantir la solidité.

Pour mettre cette seconde partie en communication avec

la première, on dût pratiquer une vaste brèche dans le pignon séparatif, que consolide une forte arcade ogivale. De chaque côté de cette arcade, étaient, au nord, la chapelle de la Sainte Vierge, et au sud, celle de Sainte Syre; contraste, Saint Maurice, le patron de la paroisse n'en avait pas.

Dans la chapelle, il y avait la grande Sainte Syre, superbe statue sculptée dans le bois, qui date de plusieurs siècles, et qui aurait besoin comme celle de St François, d'être quelque peu réparée par des mains habiles, avant d'être replacée à l'église. La petite Sainte Syre, le buste délicat qui renferme le reliquaire, reste seul maintenant des saintes images que vénéraient nos pères. Les reliques de Sainte Syre étaient plus importantes autrefois; Mgr Bouange, en tournée de confirmation à Savigny, emporta ces reliques pour les authentiquer et ne restitua à l'église que ce qui reste aujourd'hui.

***

La démolition de l'ancienne Eglise commença le 8 avril 1851 ; elle ne laissa rien découvrir qui ne fut connu, sauf :

1° Derrière la boiserie du chœur, du côté de l'épitre, on retrouva une baie ogivale pratiquée dans l'épaisseur du mur ; sa disposition permettait de supposer que là étaient les fonts baptismaux primitifs.

2° Au revers du panneau de la stalle du célébrant était une peinture fleurdelisée sur fond bleu, encore de toute fraîcheur ; en haut, à gauche, était un écusson très bien conservé, sans doute les armoiries d'un seigneur. Nul probablement ne songea à analyser le secret de ce souvenir des temps.

3° Sous l'autel de Sainte Syre était un cercueil en pierre, absolument vide, parfaitement identique à ceux retrouvés dans le cimetière.

***

Pour une église, le clocher est toujours un attribut capital. Nous avons parlé du clocher pignon. Ces clochers ne sont pas rares dans le Midi de la France ; beaucoup sont percés de multiples baies donnant place à plusieurs cloches, le tout surmonté d'un motif avec croix et coq, ce qui n'a rien que de très gracieux.

Notre clocher se trouvait, par sa situation, dominer précisément le milieu de l'église dans son ensemble. On crut devoir l'agrémenter d'un ornement tout en bois et non sans élégance, seulement les réparations devaient obliger souvent.

« Le clocher de Savigny a été réparé pour le mois de juin « 1736, conformément au devis et marché notarié par devant « Thomas Rougé, notaire royal à Savigny, qui avait cette « charge de M. N..., demeurant à Saulles, laquelle charge « lui fut remise dans le courant de novembre ou décembre « suivant, faute de paiement de rentes.

« Jacques Rousselot, charpentier, demeurant à Voncourt « Joseph Mathey, charpentier, demeurant à Bourguignon, « avaient fait l'entreprise du clocher moyennant 300 francs « que ledit sieur curé leur a payé, non compris cent livres « qu'il avait fait de ses propres deniers. Mais ce marché ne « fut pas avantageux pour les entrepreneurs, puisqu'ils « n'ont gagné que 17 sols par jour et se nourrir. » Relation « de M. Ravelet, ancien curé de Savigny.

Une vieille tradition rapporte que la vieille croix du cimetière, érigée en 1700, est une croix de mission ; elle aurait été sculptée par le berger du village ; il n'y travaillait, paraît-il, que deux heures par jour. Les profanateurs de 1793 ne l'épargnèrent pas ; le fût avec son cercle de fer reliant les deux tronçons en porte les preuves.

Sur l'unique cloche qui nous fut laissée après la Révolution, se lit l'inscription suivante : *Christus vincit ; Christus regnat ; Christus imperat ; Christus ab omni malo nos omnes liberet, deffendat. Amen.*

J.-B. Arviot. Son parrain, C.-A. de Montarby ; sa marraine, D.-M. du Chastelet. — M.-F. Larget, curé de ce lieu, 1600.

Notes recueillies dans les archives de Savigny et Voncourt

« Le jour de Saint Joseph, fut mise en terre Anne Ram.... « (probablement Ramelet), femme de Nicolas Poissenot, « 1662, laquelle a donné à la cure la quantité de trois quarts « de terre sis sur le chemin de Génevrières, en intention de « dire tous les ans une messe avec le *Libera* à perpétuité, » Signé : Vaillant, curé.

.... « Dame du Mont-Carmel, autrement dit le Scapulaire.

« Le 22 septembre 1648, jour de feste de Saint Maurice, « patron titulaire de cette paroisse, par vénérable et dicréte

« personne Pierre Bocquin, chanoine de Langres et curé de « Grenant et Saulle —

« Messire Claude Vaillant, curé ; Mr Humbert Demongeot ; Léger Mareschal ; Françoise Ogier, femme du dit Demongeot ; Barbe Vauthrin, femme du dit Mareschal ; Barbe Berthault, femme de François Goriot ; Denise Voinchet, fille ; Jehanne Goriot, veuve ; Jehanne Fourniot, femme de Pierre Bouchard ; Christiane Jolyot, fille..... »

D'autres notes sont consignées dans les Actes-Archives ou simplement sur les couvertures ; elles relatent surtout les dons et prêts de M. Vaillant, etc., etc., mais elles n'offrent pas grand intérêt.

*
* *

La nouvelle église, commencée en 1851, sur l'emplacement de l'ancienne, légèrement plus au sud, fut livrée au culte le premier dimanche d'Avent, même année, comme il est dit ci-dessus. La bénédiction de la première pierre, celle qui est apparente au côté gauche de l'entrée principale de l'église et marquée d'une croix, avait eu lieu le 9 juin 1851, le lendemain de Sainte Syre.

Cet édifice a été considéré comme un des mieux conçus par M. Péchinet, architecte : mais encore son idée première ne fut pas suivie. Il avait rêvé le chœur au milieu de l'église entre les quatre colonnes en trèfle, avec un banc de service tout autour réservé aux hommes. Tout au fond de l'église devait s'élever un autel magistral en l'honneur de la Sainte Vierge. Vraie disposition de cathédrale.

Mais les curés du voisinage, notamment ceux de Genevrières et de Farincourt, qui avaient des églises toutes récentes, ne virent pas cette innovation d'un bon œil. L'idée fut abandonnée, mais elle laisse une trace presque irréparable.

Cette gracieuse église est l'œuvre du vénérable curé du lieu, M. l'abbé Etienne, né à Foulain, décédé à Provenchères-sur-Meuse.

Trop peu savent les sacrifices en peine et en argent qu'il s'est imposé pour aboutir à son but. Sans ressource aucune, car les communes de Savigny et de Voncourt n'ont participé en rien à la dépense, il n'a cependant pas hésité. Il a voulu que chaque famille, chaque enfant même, aie sa pierre dans l'église, puis il tendit la main au dehors ; enfin, tant en argent qu'en corvées, il atteignit le montant du devis projeté.

L'adjudication eût lieu moyennant la somme de quatorze mille francs. Voilà ce que coûte l'église de Savigny.

Bien noter qu'il ne s'agissait que du vaisseau, restait l'ornementation : elle se fit comme par enchantement et dès 1853, l'édifice était ce qu'il est aujourd'hui.

Les successeurs de M. l'abbé Etienne, n'ajouteront guère à son œuvre ; M. l'abbé Aubry, curé actuel, essaya de la compléter en érigeant le beau vitrail du chœur, ainsi que toutes les autres verrières, et en dotant l'église de deux nouvelles cloches.

M. Charles Bezanson, maire de Savigny, si unanimement regretté, gratifia l'église d'un calorifère ; pour en assurer la fondation, il avait créé des revenus importants dûment autorisés et qui devaient être employés au chauffage de ce calorifère, à son entretien et à toutes les réparations nécessaires, comme aussi à l'entretien de l'église et de la cure. Son but était évidemment de procurer le bien être, mais surtout d'éviter l'humidité, toujours très préjudiciable à la solidité d'un bâtiment.

Les frais d'installation ont été faits sans compter et avec des matériaux de premier choix ; on voulut agrandir l'emplacement, ce ne fut pas sans danger, car la chapelle de Saint Maurice commençait à couler et une fissure se produisait dans la voûte. Transporter le calorifère au nord serait une témérité, car outre des fouilles énormes nécessitées par la différence du niveau du sol, on n'aboutirait fatalement qu'à creuser une citerne qui nécessiterait un travail inouï pour écouler les eaux, sans compter qu'il y aurait danger extrême pour la solidité de l'édifice.

***

Comme partout autrefois, le desservant de Savigny jouissait des biens curiaux et de certaines dîmes ; ces revenus constituaient son traitement. Il portait le titre de curé, ce qui impliquait une certaine importance, tandis que d'autres desservants de paroisse étaient simplement qualifiés de vicaires. Certains curés de Savigny eurent des vicaires, ce qui laisserait à supposer un service paroissial assez chargé.

Il serait aujourd'hui difficile de déterminer le domaine curial ; peut-être que les cantons dits « Pièce à l'Eglise, Buisson Saint Maurice », etc., en firent partie.

Quand l'Assemblée Nationale Constituante décréta biens nationaux les biens du clergé, tout fut vendu au profit de l'Etat et payable en assignats, monnaie de papier qui n'eût bientôt plus aucune valeur.

Il y eut plusieurs ventes au district de Bourbonne, district dont la commune de Savigny dépendait.

L'abbé Roret, prêtre constitutionnel, curé intrus de Savigny, acheta le presbytère en 1806; ses héritiers le vendirent à M. Bacquet, moyennant 2.000 francs, payables en quatre versements. Mention était faite du colombier au N.-E. de la cour.

Relation de cette vente est consignée au registre des délibérations du conseil municipal à la date du 6 octobre 1806.

M. Bacquet, alors maire, achetait probablement la cure pour les communes de Savigny et Voncourt, car il la leur revendait en 1812. Mais les formalités de biens de main-morte sont toujours longues, et du temps du Premier Empire les événements d'un tout autre ordre se précipitaient avec tant de rapidité que la vente ne fut pas alors régularisée. Le nouveau maire de Savigny, M. Thomas, attaqua son prédécesseur ; à cette occasion, il y eut enquête et expertise. (Voir Registre Communal au 23 mai 1817). Le 28 mars 1818, un arrêté préfectoral parut au sujet de cette affaire.

Cimetière

Depuis la Révolution Française, la surveillance et l'entretien des cimetières sont conférés à l'administration municipale. A ce propos, il n'est peut-être pas indifférent de rapporter les faits suivants :

1° Le remous continuel du cimetière, la stupide habitude d'épandre sur place les débris de construction, tout cela aboutit fatalement à produire une accumulation de terre dont il reste des traces sur le socle de la croix du cimetière ; l'église achevée, pour la préserver d'une trop grande humidité, on dut pratiquer à l'aspect nord un fossé d'environ 0^{m}50 de profondeur en moyenne.

En 1864, par les soins de M. Charles Bezanson, sous la surveillance de M. l'abbé Beurné, curé du lieu et avec autorisation de M. le maire, on nivela le cimetière. La plus grande partie des débris de toutes sortes ont été enfouis ou placés autour de la croix du chemin de Pressigny ; c'est presque un cimetière. Par respect et pour décor, on a entouré cet emplacement d'une haie vive et d'une plantation de sapins. Le reste fut répandu au dedans et au dehors de la cour du presbytère, et les bouquets d'arbres extérieurs à cette cour protègent les débris susdits.

2° Par délibération du conseil municipal, en date du 10 mai 1872, approuvée par arrêté préfectoral du 21 mai 1872, le tarif pour concession de sépultures dans le cimetière a été établi ainsi :

Concessions à perpétuité....	100 fr. le mètre carré	
Id. trentenaires....	40 fr.	—
Id. temporaires....	20 fr.	—

Le produit des concessions doit être attribué, les 2/3 aux communes de Savigny et Voncourt et le dernier tiers aux bureaux de bienfaisance de ces deux communes.

3° Le 20 février 1877, acceptation d'un projet d'alignement pour la reconstruction du mur nord du cimetière, mais avec réserve expresse qu'il ne sera fait aucun empiètement sur le sol actuel du cimetière et que les sépultures seront respectées.

Depuis cette époque, M. Ch. Bezanson eut grand soin de veiller à la solidité du mur, à l'aspect du couchant, en le faisant jointoyer à plusieurs reprises.

Sainte Syre

Il serait impardonnable de ne point dire quelques mots de Sainte Syre et de sa fête, comme il serait puéril de rechercher l'origine de cette dévotion à Savigny.

Les anciens ont toujours prétendu que sur le Chaufour, la place publique de Savigny, il y avait une source appelée fontaine de Sainte Syre, à cause d'une petite chapelle érigée sur cette place en son honneur et où étaient déposées ses reliques. La chapelle a disparu sans laisser de vestiges et la source s'étant peut-être affaiblie, on creusa en son lieu et place un puits vers 1830.

La dévotion aux reliques de Sainte Syre fut le motif d'un pélerinage très fréquenté ; on y venait même de très loin, surtout pour la guérison des maladies des yeux. La fête de cette sainte devint si populaire qu'elle supplanta celle de Saint Maurice, patron titulaire de la paroisse.

De religieuse qu'elle était au début, cette fête devint excessivement profane et était connue au loin. Evêques et curés fulminèrent contre cet état de choses.

La fête bruyante, qui se tenait d'abord autour de l'église,

fut repoussée plus loin ; elle se tint alors sur le Chaufour : puis elle descendit le village, mais à mesure qu'elle s'éloigne de l'église elle semble s'en aller pour de bon.

M. l'abbé Chantôme, un enfant du pays, qui songeait à réédifier l'ancienne chapelle, dans un sermon sur Ste Syre, disait qu'après de pénibles recherches, il avait pu découvrir que cette sainte était d'origine anglaise. Puis avec l'éloquence que nous lui avons tous connue, il rappelait tous les miracles opérés à Savigny par l'intercession de Ste Syre.

A noter que Ste Syre avait son office propre avec l'hymne, inséré dans un vieux Paroissial de Savigny ; c'est un souvenir d'enfance, mais certain. Ce volume disparut quand on rebâtit l'église en 1851.

***

Dans les multiples recherches que je me suis imposées, j'ai heureusement retrouvé un article que je copie textuellement.

Extrait des mémoires historiques de la Province de Champagne par M. Baugier, seigneur de Breuvery, Conseiller du Roi, etc. Edition de 1721.

« .....Il y a lieu de croire que ces Religieuses étaient celles qu'on appelait auparavant de la Communauté de Ste Syre qui s'établirent dans ce faubourg vers l'an 640. Quelques filles qui s'y étaient alors assemblées en une maison, prièrent Ste Syre, sœur de St Fiacre, et suivant le sentiment de quelques historiens, fille d'Eugène, roi d'Ecosse. (L'abbé Chantôme ne se trompait guère quand il disait qu'elle était Anglaise, car Angleterre, Ecosse et Irlande forment le Royaume-Uni). « Syre s'était retirée à Troyes où elle vivait « en odeur de Sainteté. » Ces pieuses filles prièrent donc « Ste Syre de les venir visiter pour leur donner une forme « parfaite à leur premier commencement. Elle se détermina « avec peine d'y venir, et après avoir dressé ces religieuses « comme ses enfants, elle retourna à Troyes où elle mourut.»

(Mention en 1530 et 1575, de changements divers, puis on lit :)

« .....Tous les ans, le huitième juin, jour de la Fête de « Ste Syre, en mémoire de cette sainte et de l'institution de « ces religieuses, il y a en l'Eglise de Saint-Sulpice, trois « jeunes filles de sept à huit ans, habillées fort proprement, « qui assistent à l'office de cette paroisse ; on les appelle « communément les Syrettes..... »

Le chemin est tracé; à d'autres maintenant de continuer les recherches, alors que je ne puis plus.

Une religieuse de la Providence de Langres, résidant alors à Savigny, m'a affirmé que dans une localité du diocèse, dont j'ai oublié le nom, Puellemontier, probablement de l'arrondissement de Wassy, le 8 juin, on célébrait la même fête de Ste Syre qu'à Savigny.

Liste des Curés de Savigny

1er. — *H...*, en 1228, dit doyen de Savigny, devait être sous ce titre curé de Savigny et doyen rural de Pierrefaite. 2e. — *Jean...*, curé en 1362.	Diocèse de Langres par M. Roussel
3e. — *Jean Brissey* ou *Bressey*, demeurait à Nogent-le-Roy, comme notaire apostolique et vicaire. — *Jean Pitault*, vicaire en 1516.	Idem
4e. — *Claude Besançon*, curé en 1533, et *Nicolas Gay*, vicaire en 1533. — L'acte de 1533 relatant les redevances des habitants de Voncourt au seigneur du lieu indique comme témoin : « Noble et discrète per- « sonne maitre Claude Besançon, curé de « Savigny, représenté par messire Nico- « las Gay, son vicaire ».	Idem et Briffaut
5e. — *Jean Grosvallet*, du diocèse d'Auxerre, curé en 1555 et 1560.	Roussel
6e. — *Félix Humblot*, langrois, ordonné en 1557, curé en 1558 par concurrence. — *Jean Favret*, vicaire en 1560.	Idem
7e. — *Prudent Gaignot*, chanoine de Langres, curé en 1565, où il résigne, puis curé de Brennes.	Idem
8e. — *Jacques Maire*, en 1565.	l'abbé Roussel
9e. — *Jean Provencel*, né à Selongey, curé en 1574, où il résigne.	Idem
10e. — *Jean Sauthène*, du diocèse de Lyon, de 1574 à 1583, où il résigne.	Idem
11e. — *Odot Boully*, en 1583.	Idem

12e. — *Gilbert Brigaudet*, protonotaire apostolique en 1628. — (Note) : Paraît douteux, car à cette époque, *Hugues Ruotte* est curé, peut être en concurrence. — Archives communal^{es}

13e. — *M. F. Larget*, en 1600, curé de ce lieu. — (Inscription recueillie sur l'ancienne cloche qui reste).

14e. — *Hugues Ruotte*, curé vers 1620, jusqu'en juillet 1636, et peut-être après ; l'écriture des actes paraît toujours être celle de M. le curé Ruotte. — Archives communal^{es}

(Note). — La présence de M. Hugues Ruotte comme curé du lieu, est constatée par bien des actes, notamment : Baptême du 14 novembre 1626.

Sa disparition, qui n'est pas signalée, coïncide précisément avec la terrible guerre de Franche-Comté, qui a laissé de si lugubres souvenirs. Il y a à cette époque une lacune de plusieurs années dans les archives communales. — Archives de Savigny

Il se peut que, selon l'ouvrage de M. l'abbé Roussel, *Claude Mathey*, curé de Pressigny, ait momentanément desservi Savigny, mais rien ici ne l'atteste.

15e. — *Claude Vaillant* était certainement curé de Savigny en 1645, et probablement encore en 1664. A cette malheureuse époque, les curés étaient rares et le pays dépeuplé ; aussi M. l'abbé Vaillant baptise à Savigny, Farincourt, Valleroy, Gilley et même à Fouvent-la-Ville. — Archives communal^{es}

16e. — *H. Guérin*, notaire apostolique en 1667. — Rien dans les archives locales n'affirme sa présence dans le pays. — Roussel

17e. — *Hyeronimus (Jérôme) Guerey*, d'une famille langroise, curé de Savigny de 1668 au 1er janvier 1720, soit environ 52 ans de ministère dans la même paroisse. Plusieurs des siens vinrent le rejoindre à Savigny, notamment son frère Guerey, bourgeois de Langres et praticien. — Archives communal^{es}

18e. — En 1720, *François Mathias,* prêtre capucin, fait l'intérim comme desservant.	Archives communal^{es}
19e. — *Joseph Romary Royer,* curé de 1720 à 1722, il meurt le 22 février 1722. — Laconisme des actes, absence de signatures, lors même que les parties sont lettrées.	Idem
20e. — *Antoine Demongeot,* ordonné prêtre en 1718, d'abord concurrent en 1720, puis libre possesseur en 1722 jusqu'en 1726, où il résigne au suivant (M. Ravelet) avec pension. Il vivait encore en 1748.	Roussel

Antoine Demongeot, né à Savigny le 25 mai 1694, était fils de François Demongeot, procureur fiscal, et d'Anne Bourrier. Sa famille par sa situation et ses alliances, était une des plus importantes de la localité ; la magistrature était chez elle presque héréditaire.

Le 21 décembre 1731, sa mère mourut ; les actes constatent qu'elle (Anne Bourrier) fut enterrée dans l'église devant l'autel de Ste Syre. L'abbé Demongeot était alors chapelain de l'église St Amâtre à Langres. Très probablement, il fut depuis chanoine de la cathédrale. Il dut revenir à Savigny ; car plusieurs actes attestent sa présence ; mais il semble qu'il affecta de se mettre complètement en dehors de ce qui concerne le service de l'église.	Archives de Savigny
L'abbé Demongeot mourut à Savigny le 29 octobre 1762. A ses obsèques assistèrent nombre de personnages qui ont signé à l'acte.	Archives communal^{es}
21e. — *Bénigne Ravelet,* ancien vicaire de Saint-Maurice, puis de Saint-Martin à Langres, curé de Savigny en 1727, où il mourut le 31 octobre 1747, à l'âge de 51 ans. Son souvenir s'est conservé vivace bien longtemps dans la population. C'est à lui qu'on rapportait le fait suivant, regardé alors comme miraculeux : « Un orage	Archives de Savigny et vieux souvenirs

« effrayant s'annonçait, c'était l'effroi !
« Allez à votre travail, mes enfants, dit-il « à ses ouailles, je vais prier pour vous. » « Prenant les reliques de Ste Syre, il se « rendit sur la porte de l'église, en face « du nuage menaçant qui se partagea « subitement et épargna le pays. Mais on « remarqua alors que le buste de Ste Syre « était couvert de gouttelettes d'eau, res- « semblant à de la sueur. »

Messire Benigne Ravelet fut un prêtre des plus remarquables par son éminente piété, sa haute intelligence et son talent oratoire. Il fut appelé à prêcher une station de Carême à la cathédrale de Langres, probablement en 1729. Malheureusement, il était très faible de santé.

M. l'abbé Ravelet a laissé quelques notes assez intéressantes ; il semble avoir eu des difficultés avec Nicolas Ferrant, alors recteur d'école.

Archives de Savigny et vieux souvenirs

22e. — *Humbert Biez*, vicaire de M. Ravelet, pendant sa longue maladie, prend ensuite le titre d'administrateur, ainsi que M. Carteret, vicaire de Farincourt, mais le frère Félix, capucin, aurait aussi fait l'intérim.

Archives communales

23e. — *Pierre Pétiet*, né à Fayl-Billot en 1715, prêtre en 1739, ex-vicaire de Châtillon, depuis ce temps curé de 1748 à 1750.

Roussel

Les actes rédigés par M. Petiet sont très laconiques et ne donnent même pas les renseignements essentiels sur les personnes, tels que l'âge et le domicile ; c'est presque une simple nomenclature, sans nul souci de recueillir des signatures.

Archives Note particulière

24e. — *Jacques Carteret*, né à Bourguignon-les-Morey, ex-vicaire de Farincourt, curé de Savigny de 1750 à 1767, où il résigne. Il se retire à Bourguignon, mais peut-être à Tornay auparavant, car la tradition dit que son grand plaisir était de voir

Roussel Archives communales et traditions

labourer ses champs à Bourguignon du haut des roches de Tornay.

25°. — *Gaspard Aillet*, né à Bourguignon-les-Morey, curé de Savigny le 10 novembre 1767. (La tradition dit que Jacques Carteret, son compatriote, l'engagea à accepter cette cure).

Il était encore à Savigny au moment de la tourmente révolutionnaire ; il refusa de prêter serment à la constitution civile du Clergé et, fut obligé de s'expatrier comme la plupart de ses confrères en 1793.

Quand le calme se fit, il se retira à Langres où, très probablement, il fut chanoine ; mais il n'oublia pas son ancienne paroisse où il était très vénéré. Il créa une fondation, la première depuis les anciennes confisquées par la révolution. C'est la fabrique de Bourguignon qui était chargée de l'annuité ; peut-être ce mode de paiement subsiste-t-il encore. Il avait ornementé les appartements du presbytère de splendides boiseries ; c'était sa propriété propre, l'autorité le reconnut ; elles furent enlevées et transportées chez les siens à Bourguignon où elles doivent encore être en certaine maison. Ses doléances à l'Etat restèrent sans résultat.

Archives et traditions

26°. — *François Roret*, né à Langres le 1er septembre 1760, prêtre constitutionnel, curé de Savigny ; il avait été peut-être vicaire de Farincourt.

Le premier acte qu'il a rédigé est du 31 mai 1791.

Le schisme provoqué par la constitution civile du Clergé ne donna pas aux prêtres adhérents les avantages qu'ils en attendaient ; non seulement ils étaient mal vus des populations, mais encore ils étaient la plupart sans ressources ; les domaines curiaux étaient devenus pro-

Archives et traditions locales

priété nationale, puis, à courte échéance, les églises avaient été fermées.

M. Roret, pour vivre, exerça les fonctions de recteur d'école à Savigny ; il parait qu'il n'était pas indifférent aux repas de famille qui lui étaient offerts.

A la suite du Concordat, il fut réinstallé curé de Savigny. Mais l'Eglise a ses châtiments pour les prêtres indignes et apostats : on prétend que M. Roret eut pour pénitence d'aller se confesser tous les jours à Frettes, pendant six semaines, pénitence qui aurait été strictement accomplie. Il mourut à Savigny le 30 septembre 1806 ; la vénération ne parait jamais avoir entouré sa mémoire.

Archives et traditions locales

27e. — M. *N. Mugnier*, ancien lazariste, fut ensuite curé de Savigny pendant environ trois ans. Il mourut à Pierrefaite ; il avait été curé de Savigny de janvier 1807 à septembre 1811.

Archives et traditions

28e. — M. l'abbé *Pierre Bournot*, né à Savigny le 7 juillet 1759, fils de Jean Bournot, recteur d'école et de Claudette Grisot. Il était vicaire à Farincourt, 1787 : ayant refusé le serment constitutionnel, il fut obligé de s'expatrier. Il succéda comme curé de Savigny à M. Mugnier en septembre 1811.

M. l'abbé Bournot était un prêtre zélé et pieux, mais, parait-il, d'une grande simplicité dont peut-être on abusa ; il il mourut à Savigny le 15 septembre 1817, à l'âge de 58 ans.

Après la Révolution, il y eut une grande pénurie de prêtres ; aussi M. le curé de Savigny desservait en outre Farincourt, Valleroy et peut-être Gilley.

Idem

29e. — M. l'abbé *J.-B. Jeanny*, curé de Savigny de 1818 à 1821. Né à Voisey, décédé chanoine titulaire à Langres. Doué d'une éloquence un peu rude, mais puissante et

Idem

persuasive, il donna de nombreuses missions dans le diocèse.

30e. — M. l'abbé *Thomas Cornevin*, né à Maulain, curé de Savigny de 1821 à 1825. Il devint plus tard curé de Poinson-les-Fayl. — Archives et souvenirs

31e. — M. l'abbé *Goiset*, né à Courcelles Val d'Esnoms, curé de 1826 à 1836. Il fut dans la suite curé de Serqueux, puis de Dommarien où il mourût. — Idem

32e. — M. l'abbé *Clément Duvoisin*, né à Noyers, curé de Servigny de 1836 au 4 juin 1838, décédé au dit lieu ; il y fut inhumé dans le cimetière où sa tombe pastorale existe encore. Mort à 29 ans seulement, il était chanoine honoraire du diocèse de Bordeaux. — Idem

33e. — M. l'abbé *Simon Etienne*, curé de Savigny de 1838 à 1862. Il est des curés de notre époque, desservant Savigny et Voncourt, celui dont le nom est à perpétuer.

M. l'abbé Etienne, né à Foulain, était fils de laboureur ; il partagea d'abord les travaux de sa famille, et ce ne fut qu'à l'âge de 17 ans qu'il commença ses études pour la prêtrise. Il fut en premier lieu curé de Montot et Signéville.

Savigny lui doit la création de l'école des filles, etc., (supprimée récemment de par la loi), plusieurs fondations importantes ; mais son œuvre principale est la nouvelle église, entièrement édifiée et ornée par ses soins, ses souscriptions, ses aumônes.

Homme de dévouement et d'abnégation, malgré de grands malheurs de famille, sa charité ne se ralentit jamais ; le moment d'épreuve le trouva toujours à la hauteur de la situation,

Passionné pour l'instruction religieuse de l'enfance, il faisait parfois le catéchisme jusqu'à trois fois par jour. Très bon, il était toutefois un peu sévère. — Idem

Quelques difficultés ayant surgi entre lui et les religieuses qu'il avait cependant tant défendues, ces dernières surent habilement se créer un parti puissant ; leur déplacement donna lieu à des désordres regrettables, et M. l'abbé Etienne fut envoyé à Provenchère-sur-Meuse, où il mourut quelques années après. Quand à quarante ans de distance, on envisage ce qui s'est passé, on est obligé de reconnaître l'ingratitude dont fut victime un curé qui s'était sacrifié pour sa paroisse.	Archives et souvenirs
34e. — M. *Maurice-Hippolyte Beurné,* né à Poisson. Il fut d'abord vicaire de Saint-Martin, à Langres, puis curé de Savigny de 1862 à 1875. Très instruit, brillant orateur, excellent musicien ; il avait pour l'enfance une affection profonde ; il apporta aux cérémonies du culte une pompe inusitée. Sa santé s'altéra, il languit quelques années et mourut le 21 juin 1875.	Idem
35e. — M. *Jules-Nicolas Bezy*, né à Neuilly-l'Evêque, d'abord curé à Vaux-la-Douce, à Flammerécourt, puis à Savigny de 1875 à 1892. Très estimé de ses paroissiens, on le vit avec regret quitter Savigny pour le poste plus important de Pressigny.	Idem
36e. — M. *Paul Mulson*, né à Pierrefaîte le 25 mars 1825. Il fut d'abord instituteur ; entré un peu plus tard dans les ordres, il fut ensuite chef d'institution. Curé de Savigny, il y mourut le 24 mai 1894, à l'âge de 68 ans. Unanimement estimé, malgré son court ministère, il a laissé un souvenir sympathique et vénéré.	Idem
37e. — M. l'abbé *Joseph Aubry*, né à Autreville, le 1er novembre 1868, curé actuel.	Idem

CHAPITRE II

Instruction primaire

Le Présent n'est ordinairement pas généreux à l'endroit du Passé : lutte facile quand il ne reste qu'un Champion !

Cependant le désir de savoir et de s'instruire est de tous les temps ; si les vieux Recteurs d'école d'autrefois étaient moins érudits que leurs successeurs d'aujourd'hui, ce n'est ni l'intelligence ni le bon vouloir qui leur manquaient, mais les moyens de s'instruire. Ils ne pouvaient enseigner ce qui n'était ni connu ni même soupçonné. Mais ce sont leurs élèves, presque tous enfants du Peuple qui, avec une instruction bien rudimentaire, avec une puissante dose d'observation et de travail, firent ces admirables découvertes, ces inventions stupéfiantes et merveilleuses qui ont créé le bien-être d'aujourd'hui.

Savigny et Voncourt ensemble eurent-ils des Instituteurs avant 1672 ? Il est très probable, mais rien de positif ne l'atteste ; depuis cette date il a été possible d'établir la liste ininterrompue des maitres qui se sont succédé.

Ici, comme partout d'ailleurs, la commune choisissait son recteur d'école et traitait avec lui pour un bail d'une ou plusieurs années; mais les habitants restaient toujours maîtres de la situation.

Ce choix était généralement précédé d'un examen auquel prenaient part les divers concurrents. Ces vieux recteurs paraissent avoir joui ici d'une certaine considération, et dans les actes où ils figurent, on les qualifie de Monsieur; au reste beaucoup s'allièrent aux meilleures familles.

Le peuple était pauvre et le maître peu exigeant. Il devait fournir le logement et le mobilier scolaire; les habitants le rétribuaient sur des bases à l'avance discutées, les parents payaient les mois d'écolage; mais que de non-valeurs dans ce genre de rétribution. Avec des ressources aussi modestes, l'instituteur ne pouvait guère se suffire ; aussi dans beaucoup de localités, l'école était fermée tout l'été; le maître se livrait alors aux travaux des champs. (Dans le siècle dernier l'école de Savigny paraît avoir été toujours ouverte : Savigny, Voncourt, Farincourt et Valleroy y participaient).

Les élèves en hiver n'étaient guère admis avant six ou sept ans; car la population scolaire se composait alors de jeunes gens qui ne dédaignaient pas de fréquenter l'école pendant dix à douze ans et plus, peut-être quelques mois seulement, mais au moins ils entretenaient les connaissances déjà acquises et en acquéraient d'autres; il y avait travail assidu, grande émulation et progrès rapides. Il y avait certainement du bon dans ce système, on comprenait avec raison qu'à l'âge de treize ans l'élève s'était plus préoccupé de gamineries que d'une étude sérieuse.

Les classes du soir étaient aussi très fréquentées, même par des pères de famille. Revirement complet des choses, ces classes furent presque officiellement interdites par l'administration pour reparaître peu à peu sous le titre de cours d'adultes.

Pénétrons, si vous le voulez bien, dans une école campagnarde d'il y a plus de cent ans.

Ah ! ce n'est pas une salle très vaste, parfaitement éclairée, offrant toutes garanties hygiéniques, et intelligemment agrémentée de belles cartes et de tableaux instructifs, avec un mobilier confortable, la bibliothèque scolaire, etc.

C'est un pauvre réduit au contraire, car le choix n'est pas facile, et le Recteur d'école ne peut offrir que ce qu'il a où ce qu'il loue. A la place d'honneur est le Crucifix ; au-dessous la chaire du magister ; quelquefois des cartes d'une précision douteuse ornent les murs, les panneaux des portes servent de tableaux noirs, quelques tables et des bancs, un vieux poële rouge de rouille ou de chaleur, et c'est tout. Mais non cependant, à côté du maître trône l'indispensable férule, peu coûteuse du reste, car pour gagner les bonnes grâces, les intéressés savent les fournir, et généralement en goûtent les premiers.

On est en hiver. Qu'on se figure ce milieu étroit, où garçons et filles sont réunis et à peu près séparés ; les portes en sont ouvertes au petit jour pour ne se refermer qu'à la nuit ; sauf une heure ou deux au milieu du jour, la présence est constante : c'est qu'il y a rude labeur !

Les ouvrages classiques n'existaient pas alors ; chaque écolier apportait un des rares livres qui se pouvaient trouver à la maison ; la leçon simultanée de la lecture n'était donc pas possible, aussi quelle perte de temps ! La lecture manuscrite était fort en honneur ; les vieux titres de famille ou autres en faisaient les frais et perpétuaient la connaissance des biens et des droits locaux ; certains élèves déchiffraient sans difficultés des grimoires datant de plusieurs siècles.

L'écriture était l'objet d'un soin particulier ; c'était le règne de la belle bâtarde française ; on s'exerçait à de hardis jets de plume. Certains élèves et leurs maîtres étaient de vrais calligraphes. Le papier était rare et coûteux ; pour y suppléer on avait recours à des moyens très divers ; l'apparition des ardoises améliora la situation ; depuis cette époque l'écriture fut sans grands frais à la portée de tous.

L'orthographe n'était pas négligée, mais l'objectif principal était le calcul ; on estimait que l'omission d'un S au pluriel n'était pas comparable à l'erreur d'une livre tournois en addition. Et le calcul n'était pas facile, il y a cent ans, alors que les anciennes et séculaires mesures avec leurs unités et leurs multiples divisions, variant souvent de pays en pays, en étaient les seules bases. Les opérations sur les nombres complexes étaient laborieuses, mais habilement conduites par des moyens mnémoniques souvent individuels ; avec des formules innées ou acquises, nos grands-pères savaient sûrement et promptement donner un résultat précis. Conséquence du calcul verbal, trop négligé, quoique indispensable, et qui toujours restera la grande ressource de nos rares illettrés.

Depuis, le système métrique a savamment simplifié les moyens, mais son application se heurta d'abord aux routines séculaires ; puis il y eut le moment de transition qui dura bien longtemps, et il fallut la rigueur des lois pour l'appliquer et le généraliser. Mais de l'ancien système il reste encore des traces bien profondes en certains lieux et qui paraissent ne devoir pas encore disparaître.

On a essayé dans le département de la Haute-Marne, il y a environ cinquante ans, de se rendre compte de l'instruction populaire et de ses progrès dans les derniers siècles, en se basant sur les signatures des parties comparantes dans les actes de baptêmes, mariages et décès. Certainement ce travail fut laborieux et accompli avec soin : il n'en reste pas moins vrai que cette appréciation est essentiellement fantaisiste, car il arrivait que certains curés, — (c'était eux qui avant 1793 rédigeaient ces actes) — dédaignaient parfois de recueillir les signatures ; aussi, d'une année à l'autre, suivant le titulaire du moment, on passait d'une époque lettrée dans une autre paraissant tout le contraire. Et cependant, d'après les anciens écrits chez nous. la plupart des hommes savaient au moins signer, les femmes plus rarement ; mais dans certaines familles l'instruction paraissait très prospère.

Chaque localité avait bien la liberté de choisir son recteur d'école, toutefois la haute surveillance de l'enseignement appartenait à l'autorité ecclésiastique.

En 1736. — Gilbert de Montmorin etc., évêque de Langres, renouvelle l'ordonnance de Mgr Sébastien Zamet (1616-1655), — un de ses prédécesseurs, qui fait défense aux Maîtres et Maîtresses d'école d'enseigner sans l'autorisation de l'évêque ou de ses vicaires généraux.

En 1764. — Défense du même évêque aux Maîtres d'école de chanter aucun office public, tels que Vêpres, Matines, etc., à moins que le curé ou le vicaire ne préside.

A ce propos, il est peut-être bon de rappeler qu'une des aptitudes les plus appréciées chez les vieux Maîtres était la connaissance du chant ; avoir un virtuose passable était une bonne fortune pour les populations.

Tel était à peu près l'état des choses avant 1789.

L'Assemblée Nationale Constituante se préoccupa de l'enseignement primaire ; des lois furent alors édictées, mais les moyens pratiques firent défaut pour les appliquer.

L'Université de France fut créée par la loi du 10 mai 1806, et organisée par les décrets des 17 mars et 15 novembre 1808. L'enseignement à tous les degrés y fut rattaché. Les Maîtres ne purent plus enseigner sans l'autorisation académique ; les brevets furent ensuite imposés par les ordonnances royales des 26 février 1826 et 21 avril 1828 et surtout par la loi organique du 28 juin 1833 ; cependant les vieux Maîtres continuèrent à exercer avec la simple autorisation, jusque vers 1846.

Quand le 1er janvier 1834, M. Aubert, père, prit possession du poste de Savigny, lui et M. Chevallot, de Bussières-les-Belmont, étaient les seuls instituteurs du canton de Fayl-Billot pourvus du brevet de capacité.

Il sera peut-être intéressant de rappeler ici quelques articles de la loi organique du 28 juin 1833 :

Art. 2. — Le vœu des pères de famille sera toujours consulté et suivi en ce qui concerne la participation des élèves à l'instruction religieuse.

Art. 3. — L'instruction primaire est publique ou privée.

Art. 4. — Ecoles privées. — Tout individu âgé de 18 ans accomplis pourra exercer la profession d'instituteur primaire, sans autre condition que de présenter au maire de la commune où il voudra tenir école : 1° Un brevet de capacité obtenu, après examen, selon le degré d'école qu'il veut établir ; 2° Un certificat constatant que l'impétrant est digne par sa moralité à l'enseignement.....

Art. 12. — Il sera fourni à tout instituteur communal : 1° Un local convenablement disposé, tant pour lui servir d'habitation que pour recevoir les élèves ; 2° Un traitement fixe qui ne pourra être moindre de 200 francs pour une seule école primaire élémentaire, de 400 francs pour une école primaire supérieure.

Art. 15. — Il sera établi, dans chaque département, une caisse d'épargne et de prévoyance en faveur des instituteurs primaires communaux.

Art. 16. — Nul ne pourra être nommé instituteur communal, s'il ne remplit pas les conditions de capacité et de moralité prescrites par l'art. 4 de la présente loi ou s'il se trouve dans les cas prévus par l'art. 5.

La loi du 15 mars 1850, modifia celle de 1833 ; elle se préoccupa du sort si intéressant des instituteurs et fixa le traitement minimum à 600 fr., rétribution scolaire comprise, les suppléants n'avaient droit qu'à 400 et 500 francs.

Cette même loi de 1850 créa la Caisse de retraites pour les instituteurs.

En 1860 ou 1862, le 1er janvier, une bonne nouvelle vint réjouir les instituteurs : par décret leur traitement passait de 600 à 700 francs. Beaucoup de communes se montrèrent récalcitrantes, cette augmentation par décret, et non la conséquence d'une loi, n'étant point obligatoire. Depuis, la loi du 12 juillet 1875 et d'autres ont été promulguées ; étant plus récentes, elles doivent être connues de tous.

L'exposé qui précède est un aperçu général, restent les variantes.

Savigny et Voncourt, eurent toujours une école commune jusqu'en 188?. Depuis 1800 environ, l'école de Savigny resta ouverte toute l'année, sauf les mois de vacances réglementaires ; mais celles de Valleroy et Farincourt chômaient presque depuis Pâques jusqu'à la Toussaint. La plupart des enfants de ces deux localités se rendaient alors à l'école de Savigny qui, par ce fait, réunissait les élèves de quatre communes. Il y eut toujours classe, matin et soir ; jamais cette classe unique de quatre heures, si fatigante et si infructueuse, qui, dans beaucoup d'endroits, se faisait au milieu du jour ; au reste, *ici* la fréquentation était satisfaisante, les enfants ne s'éloignaient pas pour les champs, comme ailleurs.

Il sera peut-être intéressant de donner la copie de titres authentiques relatifs à l'instruction primaire de Savigny et Voncourt.

Marché de Mr Ferrand, recteur d'école. — 2 décembre 1729,

« Ce jourd'hui, deuxième décembre mil sept cent vingt neuf au lieu de Savigny, sur la place publique, environ heure d'une après-midy, de laquelle place nous nous sommes transportez à la maison de Didier Sirot à cause de l'injure du temps accompagné du sindicq de Savigny et du sindicq de Voncourt, leur annexe, ensemble les habitants des dits lieux, de la présence de M. Benigne Ravelet, prêtre et curé des dits lieux, pardevant moi Notaire Royal, soussigné, en présence des témoins en bas nommez soussignés. Les dits habitants présens pour délibérer entr' eux d'un maître d'école au lieu et place de Nicolas Ferrant, cydevant Recteur, lequel même est en recontinuation et sans s'en déporter et sur l'indication du dit sieur Ravelet par luy faite à son prône de même que celle des fabriciens et sindicqs et pour... éviter toutes contestations. Les habitants présens comparans par Antoine Chalochet, sindicq, Pierre Rousselot, sindicq, Estienne Marion, fabricien et Pierre Gudy, Jean-Baptiste Gudy, Jean Lombard, Jean Valeureux, Simon Chaufournier, Didier Geuillien, Pierre Mielle, Nicolas Tirand, Joachim Journeu, Jean Vauthenin, François Moisson faisant pour Nicole Gouriot, sa belle-mère, Philippe Rémy, Jean Mille , François Martin, François Roberty, Nicolas Morel, François Lombard, Nicolas Aubriot, André Poissenot faisant et partant fort pour son père duquel il a pouvoir verbal, Antoine Denisot ayant pouvoir de son père Simon Denisot absent, Didier Postolet, Michel Postolet, Jean Guyot, Quentin Marion. Le surplus des dits habitants au nombre d'environ deux ou trois et jusqu'à cinq absent, les présens se faisans forts pour eux pour la communauté de Savigny. Les habitants de Voncourt comparans par leur sindicq sus-nommé, Vallier Chantôme. Le dit Pierre Rousselot, sindicq, a déclaré et s'est porté fort pour les habitants qui se trouvent absents, pour le choix qui sera fait d'un recteur d'école, en plus Jacques Rousselot, garçon majeur se portant fort pour François Rousselot et Pierre Chaufournier... il a pouvoir verbal et se faisans les dénommez bons pour les absents de tous lesquels habitants de Savigny et Voncourt...

s'est présenté Jean, recteur d'école à Genevrières, y demeurant, qui a mis la condition de recteur d'école à deux bichets de bled par chacun habitant et dix sols aussi par chacun habitant pour le logement payable à chacune Saint-Martin d'hiver, et pour les enfants qui sont à l'alfabet ou pour apprendre à lire quatre sols par mois, pour ceux qui apprenent à lire et à écrire cinq sols par mois, pour ceux qui apprenent à lire, écrire et la notte — (Le chant) — six sols chacun par mois, et pour ceux qui apprenent à lire, écrire, la notte et l'arithmétique, sept sols aussi chacun par mois, et cependant le temps de trois, de six ou de neuf et au cas que l'on ne soit pas content de son service pendant les dittes trois années, il sera averti par acte autentique de Communauté trois mois auparavant l'expiration des dittes trois années et aussi des autres termes jusqu'à neuf.

S'est présenté Nicolas Ferrand, premier savant, qui a mis la condition à une carte comble de blé froment payables par chaque année, le pain les bons jours, les mois comme sus est dit et terme comme ci-dessus, ce qui peut valoir quatre-vingts livres sera tenu exent pour sa taille royale à cinq sols et quatre pintes de sel et en outre exempt de toutes charges de communauté en qualité de recteur d'école, ce qui a esté accepté par tous les habitants icy présents, de même que le présent acte à leurs charges, lesquels chacun promettent payer en droite foy et de satisfaire aux clauses et conditions portées au présent acte, à peine de tous dépens dommages et intérêts, de même que le dit Ferrand de servir ladite communauté en qualité de recteur d'école comme cydevant, fait aussy à peine de tous dépens dommages et intérêts, ce qui a été accepté par M. Bénigne Ravelet, prêtre et curé dudit Savigny et Voncourt, si comme les parties sont demeurées d'accord, fait et passé audit Savigny les jours, mois et an que dessus et en présence de François Fort, brigadier commis dans les fermes du Roy à Savigny et de Claude Pourain, aussi employé dans les dites fermes demeurant audit Savigny, témoins requis qui se sont soussignés avec lesdits habitants sachans signer, et quant aux autres ont déclarez ne savoir signer de ce requis et interpellez, relue aux parties et témoins.

Signé : Ravelet, curé; Fort, Pourain, (une signature illisible), Gudy, N. Ferrand, Lombard, E. Marion, Roberty, Lombard, P. Mielle, A. Chalochet, Didier Golin, Didier

Poissenot, Jannel, notaire royal. Enregistré au greffe le 15 décembre 1728, reçu douze sols, signé Faure.

***

Exposé des ressources affectées à l'Instruction primaire

Ce jourd'hui 15 mai 1830, le Conseil municipal de Savigny convoqué par M. le Maire et sous sa présidence pour la session ordinaire de la présente année. Ayant entendu les dispositions de l'ordonnance royale du 14 février dernier ainsi que celle du Bulletin des actes administratifs en date de Chaumont, du 30 avril aussi dernier relatifs à l'Instruction primaire.

La situation de cette commune, relativement pauvre, donne à l'instruction primaire le résultat suivant :

La commune ne possède point de logement et n'en a jamais possédé. L'instituteur actuel a un local assez convenable, mais qui est sa propriété ; seulement la commune lui paie annuellement une somme de quarante francs à titre d'indemnité de logement. Son traitement lui est payé tant par les habitants de Savigny que par ceux de Voncourt, partie en grains par les laboureurs, partie en argent par les manœuvres, ce qui peut lui produire annuellement deux cents francs. Ce mode de rétribution est établi entre les communes de Savigny et de Voncourt de temps immémorial. Le conseil a cru ne pouvoir y déroger.

Il n'y a parconséquent qu'une seule classe où les deux sexes sont admis. Le nombre des élèves est pendant l'hiver de quarante à cinquante pour les deux communes, de cinq à dix pendant l'été. Les rétributions payées par les parents des élèves sont de 0 fr. 50 par mois pour ceux qui écrivent et de 0 fr. 25 pour ceux qui apprennent à lire, ce qui peut produire au plus cent francs, ce qui fait en totalité une somme de trois cents francs. Voncourt figure pour 1/3. Mais la commune de Voncourt peut demander et obtenir un instituteur particulier, ayant des ressources de localité, la commune de Savigny, qui est dénuée de toutes espèces de ressources, ne possédant point de bois communaux ni aucun fonds quelconque, excepté quelques petites lisières de chemin, comme il est aisé de le vérifier par le budget présenté pour 1831.

Considérant, les dits membres du Conseil que, malgré les vœux qu'ils forment pour cette partie de l'instruction, il leur est impossible de trouver aucune ressource, les habitants étant déjà assez chargés du paiement ci-dessus dit.

D'après les vues bienfaisantes de sa Majesté Charles X qui veut faire participer tous ses sujets aux bienfaits de l'Instruction primaire, en aidant les communes pauvres, cette commune qui n'a aucune ressource, ne pourrait-elle pas obtenir sur des fonds alloués au ministère de l'Instruction publique, une petite somme pour améliorer le sort de son instituteur ? (Archives communales).

***

Nous soussignés Pierre Thomas, maire de la commune de Savigny, et Jean-Baptiste Moisson, maire de la commune de Voncourt, assistés de leurs conseils municipaux, d'une part et Nicolas Aubert, instituteur, né à Bourguignon (Hte-Saône), d'autre part, sommes convenus de ce qui suit, savoir :

Que moi, Aubert, m'oblige à exercer les fonctions d'instituteur dans la commune de Savigny, pour les deux communes réunies, m'oblige d'apprendre à lire, à écrire, le calcùl selon la méthode la plus appropriée, la grammaire, l'histoire et les principes de religion et d'assister M. le curé dans toutes ses fonctions pastorales, moyennant la somme de deux cents francs pour la commune de Savigny et cent francs pour la commune de Voncourt ; en outre, il lui sera payé en rétribution mensuelle pour les mois d'écolage, quarante centimes pour les alphabets, jusqu'à écrire et septante centimes pour ceux qui écrivent, calculent et apprennent la grammaire ; pour les grand'messes et enterrements un franc, et pour mariage, la même somme ; m'oblige à faire la classe tant qu'il y aura dix enfants, m'engage d'entrer en possession au premier janvier mil huit cent trente quatre.

Les communes s'engagent à me fournir un logement pour habitation et pour recevoir les élèves.

Fait à Savigny, le 15 décembre mil huit cent trente trois.

Signé : Thomas, maire, Baudot, adjoint, Nicolas Guillaume, Febvre, J. Chantôme, Daudanne, Hologne, Rousselot, Simon, Moisson, maire, Rémongin, Bouguet, Aubert, C. Simon, A. Mory, Oudot.

Maison d'Ecole

La loi de 1833 imposait aux communes l'obligation de fournir un local convenable pour le logement de l'instituteur et l'école.

Les communes de Savigny et de Voncourt obtinrent à cet

effet une subvention de l'Etat qui, jointe à quelques ressources communales et aux cotisations particulières, permit de se mettre de suite à l'œuvre.

On voulait confortable et gracieux ; mais vouloir et pouvoir, c'est deux : on prévoyait une jolie maison à deux portées, puis trois, mais on ne put d'abord construire qu'une portée. On eut surtout le tort de lui donner des proportions exagérées en hauteur au détriment de la solidité; à un certain moment le danger devint pressant; on modifia le projet, ce qui devait alors être pignon devint gouttière et réciproquement.

Conséquence fatale, car depuis on n'a jamais pu harmoniser les nouvelles constructions avec l'ancienne et donner un cachet d'élégance à l'ensemble, alors qu'il eût été si facile.

Quand le 1er janvier 1834, le premier instituteur qui devait habiter cette maison s'y installa, il n'avait qu'une simple cuisine avec des greniers assez vastes, mais non aménagés. L'aire de cette chambre unique n'était pas encore sèche et sous la cheminée, en guise de foyer, une mince dalle en pierre recouvrait une flaque d'eau; la pièce du fond était réservée à l'école. Considérée comme suffisamment vaste et éclairée, elle faisait contraste avec le réduit que l'on venait de quitter.

L'obligation prescrite par la loi était remplie, mais on savait l'œuvre inachevée ; dans la suite la municipalité de Savigny fut toujours disposée, quand il lui était possible, à améliorer l'état des choses, visant l'utilité et évitant le luxe, et les Maires, personnellement, participèrent pour beaucoup dans les dépenses.

Quelques années après, vers 1836, on bâtit la grange. En 1839, au moment de la création de l'école des filles, on désaffecta de l'école de quoi établir une petite chambre pour l'instituteur. En 1845, on construisit la chambre à four. En 1847, au moyen d'un secours de l'Etat, on pava la cuisine on planchéia la salle d'école et la chambre d'à-côté.

En 1856, les élèves étaient nombreux ; l'autorité académique exigea la construction d'une nouvelle salle d'école ; le Conseil municipal énuméra ses ressources s'élevant à la somme de 823 fr. 25, provenant surtout de la souscription volontaire des habitants. En 1858, avec une subvention de l'Etat on pouvait disposer de 1.150 fr. 95. La salle d'école et la cave de dessous furent construites, mais livrées seulement en 1859.

A ce propos, signalons un état de choses fort regrettable et qui dura trop longtemps, par suite de la condescendance de la municipalité de Savigny, mais bien contre le gré de l'instituteur.

Les habitants de Voncourt déposaient leurs morts dans la salle d'école, et c'est là que se faisait la levée du corps. C'était admis, l'instituteur n'y pouvait rien, malgré ses craintes justifiées pour ses élèves et ses enfants.

Or, vers 1852, Monsieur Humblot, délégué cantonal, faisant sa visite, se trouva en face de cet inconcevable abus : il refusa net l'accès de l'école, fit un rapport motivé qui eut pleine sanction. C'était fait.

Mais en 1858, la commune de Voncourt ne voulut participer à la construction d'une nouvelle école qu'à la condition formelle que sur les fonds à attribuer à cette dépense serait prélevée la somme nécessaire à l'érection, sur le sol indivis, d'une chambre pour déposer les morts. La lutte fut vive, même passionnée ; mais l'administration parla haut, Voncourt dut céder.

La nouvelle salle d'école, spacieuse, parfaitement éclairée et bien aérée par ses deux portes en communication directe, avait été construite avec économie, la cave sans plafond, le plancher du haut disjoint, la toiture sans lambris. Qu'il y faisait donc froid en hiver et chaud en été ! Une des préoccupations premières, en certains jours, était de faire dégeler les encriers, parfois même l'encre gelait dans la plume des élèves.

Le 15 juillet 1877, la commune de Savigny sollicite un secours de l'Etat pour réparations et appropriations à exécuter à la maison d'école. Le 15 août suivant, le conseil municipal reconnaissant qu'une souscription volontaire dans la commune serait infructueuse, qu'un impôt extraordinaire chargerait trop les petits contribuables, accepte la souscription de M. Ch. Bezanson, maire, qui offre 800 francs. La commune de Voncourt, toujours parcimonieuse et qui ne tient nul compte de l'abri constant et des soins particuliers donnés à ses enfants, gracieuseté de tous temps et non obligatoire, ne veut rien ajouter aux 300 francs qu'elle offre pour réparations.

M. Ch. Bezanson prend personnellement la chose à cœur. Il fait recouvrir entièrement la maison, établit une salle de mairie sur l'école, renouvelle le mobilier scolaire qui en avait grand besoin, etc., etc...

En retour, la commune de Savigny lui accorda certaines concessions pour l'alignement de la cour du château en particulier.

Ecole des Filles

Autrefois, quand il était possible, on créait des écoles spéciales pour les garçons et pour les filles, l'éducation ne devant pas être précisément la même ; aujourd'hui pour des raisons surtout budgétaires, les écoles redeviennent mixtes, et la direction en est confiée de préférence à des institutrices.

En 1839, Mlle Jeanne Braconnier songea à doter la commune d'une école de filles, dont la direction devait être confiée aux Religieuses de la Providence de Langres.

Le conseil municipal fut appelé à donner son avis à ce sujet. Plusieurs membres alléguèrent que l'instituteur devant se trouver par ce fait privé des mois d'écolage des petites filles, il était à craindre qu'il ne soit obligé de cesser son école pendant les mois d'été pour se livrer à des travaux plus lucratifs, afin de pouvoir se suffire. Tous cependant déclarèrent voir sans peine l'établissement des sœurs de la Providence dans la commune, si le ministre de l'Instruction publique voulait bien venir au secours de la commune en faveur de l'instituteur.

C'est alors que fut établie la fondation agréée par l'Etablissement des Sœurs de la Providence de Langres, en vertu de laquelle cette communauté doit mettre à la disposition de Savigny et de Voncourt deux religieuses, l'une pour la direction de l'école des filles, l'autre pour donner ses soins aux malades ; une des conditions spéciales stipule des droits à la gratuité d'enseignement pour les enfants de parents indigents.

Mlle Braconnier fit construire la maison qu'habitent encore actuellement les religieuses, quoique, de par une loi récente, l'école des filles soit aujourd'hui fermée. La généreuse donatrice, décédée en 1853, avait distribué en bonnes œuvres plus qu'elle ne possédait ; après son décès, il y eut des compensations à établir, et le traitement des sœurs dût probablement être réduit.

La commune de Savigny étant restée complètement en dehors de l'établissement de l'école des filles, ne possède aucun document qui y soit relatif, sauf la délibération précitée et celle du 24 août 1891, par laquelle le conseil municipal refuse de s'immiscer dans la question de fondation faite en faveur de l'enseignement libre.

Quelques vieux instituteurs

M. Nicolas Ferrand (1724), successivement laboureur, recteur d'école, marchand, huilier, greffier de la justice de Savigny, etc.; mérite une mention spéciale.

Les notes qui nous restent de lui nous le montrent comme un homme très intelligent, avide de s'instruire, mais s'orientant mal à certain point de vue. Il a rédigé un Journal où il y a de tout : problèmes scientifiques, originaux et intéressants, remèdes par les simples pour les hommes et les animaux, voire même quelques procédés macabres.

Contemporain des grands philosophes qui ont illustré son siècle, il était surtout passionné pour les anciens : Pythagore, Socrate, Nostradamus, Joseph Moult de Naples, etc., tels étaient les maîtres de son goût; l'astronomie, l'astrologie, la cartomancie, etc., voilà ses connaissances de prédilection.

M. Ravelet était curé de Savigny en même temps que M. Ferrand, recteur d'école. Il put paraître à M. Ravelet, homme très éclairé, que M. Ferrand prenait trop au sérieux des croyances surannées; il dut y avoir conflit, car le Journal susdit mentionne un chapitre sous ce titre : « l'histoire des malices faites à Ferrand par le sieur Ravelet, curé. » Ce chapitre comprenait douze pages grand format, qui dans la suite ont été soigneusement enlevées. Quel dommage! Ferrand était très croyant; tous ses articles se terminent par sa soumission aux décrets de la Providence. Il laissa une très belle famille à laquelle il assura considération et avenir.

M. Debierne (1776-1792) est resté célèbre pour sa spécialité à prendre blaireaux, renards, fouines, etc., ce qui ne l'empêchait pas, du reste, d'être un excellent maître.

Quand il se présenta aux suffrages des habitants, un concurrent avait eu soin d'amadouer les notables de la localité par des présents; mais le père Larmier, à la tête d'une nombreuse et brillante famille, qui se croyait un des gros bonnets du pays, avait été négligé : il en fut froissé. Il se plaça à la porte de la salle d'élection et sut habilement persuader de voter pour M. Debierne. Son concurrent fut évincé.

M. François Mortel, né à Savigny, le 24 février 1777, était très instruit pour son temps; sa méthode d'enseignement avait quelque chose de nouveau; il fit d'excellents élèves;

malheureusement des infirmités l'accablèrent de bonne heure, il dut se retirer le 31 décembre 1833.

Il mourut le 2 octobre 1834, enlevé par une épidémie qui fit beaucoup de victimes à Savigny.

Voici, aussi exacte que possible, la liste des anciens maitres d'école de Savigny :

En 1672, 21 août, M. Doussot, recteur d'école.
1675, 19 novembre, M. Leconte Pierre, —
1677, 19 juin, M. Jacotin Joachim, —
1680, 2 septembre, M. Paissel Simon, —
1681, 20 octobre, M. Garnier Claude, —
1682, 16 août, M. Lecomte Jean, —
1689, 25 août, M. Charles François, —
1698, 6 novembre, M. Poinsot Jean, —
1703, M. Thierry Humbert, —
1708, 27 août, M. Aubry Renaud, —
1712, 27 août, M. Philippe Antoine, —
1716, 17 décembre, M. Bugey Louis, —
1724, 26 avril, M. Ferrand Nicolas, recteur d'école (il peut avoir repris service en 1741.
1732, 22 septembre, M. Paissel J.-B., recteur d'école.
1737, 11 janvier, M. Millet Maurice, —
1741, 4 juillet, M. Belin, —
1743, 8 juin, M. Chopitel Pierre, —
1748, 21 mars, M. Bournot Jean, —
1771, 20 novembre, M. Lavrillet François, —
1776, 7 novembre, M. Debierne, —
1792, 26 novembre, M. Thomas Pierre, recteur d'école (plus tard maire).

Pendant la Révolution, M. Roret François, prêtre constitutionnel.

En 1805, M. Cardinal, recteur d'école,

De 1806 à 1834, M. Mortel François, instituteur.

Du 1er janvier 1834 au 2 mai 1863, M. Aubert Pierre-Nicolas, instituteur.

Du 12 mai 1863 au 28 avril 1883, M. Aubert Claude-Antoine instituteur.

En 1883, M. Lalance Augustin, instituteur actuel.

CHAPITRE III

Son territoire, son domaine, son origine d'autrefois. — Partage des communaux, etc. — Maires et adjoints

« Il parait que Savigny était jadis une terre de franc-alleu, « et que ses seigneurs ne pouvaient jouir de cens et droits « féodaux qu'en vertu de titres particuliers. Il y avait des « propriétés exemptes de toute redevance et d'autres sujettes « à des droits divers, mais celui des lots et ventes ne pesait « sur aucun héritage.

« D'après un terrier de l'an 1490, Savigny ressortissait du « bailliage de Fouvent, et les habitants étaient tenus au guet « et à la garde du château ; ils y avaient leurs postes assi- « gnés.... » (Briffaut).

« En 1513, par une transaction entre François de Franelez, « commandeur de la Romagne et Jean de Bosredon, écuyer, « seigneur de Savigny, ce dernier renonça aux droits qu'il « pouvait avoir sur la seigneurie de Broncourt et reçut en « échange la terre de Genrupt. » (Carnandet).

Savigny, comme toutes les autres communes, a eu certainement ses bois et ses communaux, sans doute dans une moindre proportion. La Revenue, le Bois d'Amour, les Vernées, et sur Pressigny, Layer et l'Essart sont très probablement des forêts défrichées depuis moins de trois cents ans et partagées entre les habitants. Les Loos était le bois seigneurial où était aménagée une salle de spectacle.

De 1704 à 1707, six actes : baptêmes, mariages, décès, concernent des coupeurs ou charbonniers travaillant à la Revenue de Savigny. En 1770, Antoine Crossette était encore forestier en ce lieu.

Il parait certain, d'après le témoignage des anciens, que la Revenue défrichée fut divisée en deux lots, devant servir autant que possible à égaliser les soles ou saisons du finage. Dans chacun de ces lots toutes parts étaient égales entre chefs de ménage, sauf quelques compensations pour qualité du sol.

Il n'est guère possible de préciser l'époque de ces partages ;

des titres de famille, et il en existe, pourraient seuls donner quelques renseignements.

Les archives communales, avant 1789, étaient confiées aux magistrats locaux, elles sont certainement détruites.

Et cependant il dut y avoir procès ou transactions à propos des forêts entre Savigny et Pressigny, et même au sujet des limites du territoire. Les habitants de Savigny avaient droit au bois mort dans certains cantons des forêts de Pressigny, mais la grande niveleuse de 1789 changea toutes choses ; l'administration se soucia peu des anciens droits ; c'était fini. Cependant bien longtemps encore on toléra aux vieilles grand'mères l'habitude d'aller chercher leur fagot de bois sec.

Toutefois il restait encore quelque chose des anciennes propriétés communales, quand éclata la grande Révolution.

En 1794, les habitants de Savigny, en vertu de la loi du 10 juin 1793, se partagèrent verbalement et individuellement les communaux restants : Le Paquis, le Bois d'Amour et les Vernées.

Ce partage se fit vraiment en famille, et il fut attribué à chacun le lot qui lui convenait. On relève, en effet, des déclarations des co-partageants, qu'il est accordé pour sa part, le sol sur lequel sa maison est bâtie, voir les maisons Péchiné, Mille, Morisot, Rousselot, Jeannot dit « six francs » et autres, d'où il résulterait qu'avant l'époque du partage, il était permis pour certains d'asseoir leurs maisons sur le terrain communal.

La Communauté agit avec beaucoup trop de confiance et sans prévoir l'avenir. On comptait alors sur le système des corvées qui s'est pratiqué à Savigny bien longtemps avec un grand empressement et une louable générosité ; mais fatalement tout prend fin, les populations changent et aussi les idées.

En définitive on avait partagé les communaux ; nul n'en fut plus riche, nul, surtout aujourd'hui, n'en ressent les effets bienfaisants, mais la commune est restée bien plus pauvre.

Triste expérience du système des partageux si ancien et toujours si nouveau ! Qui jamais mettra un frein à la roue capricieuse de la Fortune ?

Cette faute n'était pas particulière à Savigny, puisque la loi du 8 pluviose an VIII — (28 janvier 1800) — permit au Conseil municipal de revenir sur cette question.

Le conseil prit une délibération en date du 15 pluviose an 12 par laquelle les co-partageants seraient passibles d'une taxe perpétuelle destinée à créer des ressources pour les besoins de l'instruction primaire. Cette délibération, qui forme un cahier spécial, déposé aux archives communales, est suivie de l'Etat des lots attribués à chaque ménage, soit 46 articles, ce qui laisserait supposer 46 chefs de famille.

La délibération précitée fut suivie à la date du 6 prairial an 12 (27 mai 1804) de 46 déclarations individuelles, sur timbre, des co-partageants, par lesquelles ils reconnaissaient n'avoir aucun titre du terrain commun dont ils jouissaient et consentaient à se conformer à la loi du 9 ventose an 12.

Des difficultés, sans doute, et une regrettable négligence laissèrent la chose en l'état, car aucune des pièces mentionnées ci-dessus n'est revêtue d'une sanction administrative.

La pénurie des ressources communales fit tenter un nouvel effort :

Le maire de Savigny, par une lettre du 20 janvier 1817, expose très clairement la situation à M. le Préfet, lui demandant des instructions pour arriver à un résultat. De cet exposé, il résulte que jusqu'en 1812 les habitants s'étaient régulièrement acquittés de la taxe établie par la délibération du 15 pluviose an 12 ; mais depuis cette époque certains avaient refusé de s'exécuter; d'autre part plusieurs copartageants avaient quitté la commune et aliéné ces terres, ce qui rendait la perception de la taxe difficile. Une commission fut nommée à cet effet par le Préfet le 30 mars 1818.

Cette affaire restant en instance, le Sous-Préfet engagea à renouveler l'expérience des déclarations individuelles, ce qui fut fait en 1819 et 1820. On compta encore 33 déclarations, mais on ne voit nulle part trace de ratification

Les communaux de Savigny n'existaient plus.

***

« Cejourd'hui, 15 pluviose an 12, les membres du conseil municipal de Savigny, assemblés en vertu de la loi du 28 pluviose an 8, à l'effet de délibérer sur les différents objets concernant les intérêts de la dite commune, sont d'avis que les portions du pâtis et autres communaux qui ont été divisés entre les habitants de cette commune par individus, en vertu de la loi du 10 juin 1793, soient chargées d'une redevance annuelle et perpétuelle envers la dite commune d'une manière proportionnée à leur valeur intrinsèque et proportionnée à ce que chacun possède.

La dite somme sera destinée à aider tous les habitants de

la dite commune pour fournir à l'instruction et à l'éducation de leurs enfants résidant. En conséquence, considérant que ces parties des communaux ne sont pas d'une égale valeur, elles ont été estimées séparément, savoir :

1°. — Dans le Pâti situé au bas du village, tenant du levant au Champ-Mensi, appartenant à Antoine Rémongin, du couchant au chemin de Gilley, du midi à la vigne de Pierre Jeannot, faisant hache contre la rue qui traverse et qui joint le chemin de Valleroy jusque joignant le canton de champs appelé l'Ecruot, et, au nord, tenant au ruisseau de la fontaine du village. Dans lequel terrain chaque portion individuelle contenant environ cinquante centiares, a été estimée à la somme de 0 fr. 25, payables annuellement à la commune, par les propriétaires dont la déclaration est ci-après.

2°. — Et que chaque portion située au canton du communal, dit Bois d'Amour ou le bas de Lavaux, contenant environ un are, selon les déclarations ci-après, paiera annuellement à la dite commune la somme de 0 fr. 15, vu que le terrain n'est pas aussi bon que le précédent. Le dit canton, dans sa totalité, tient au levant à des terres labourables appartenant aux héritiers Gallois, du midi, sur des tournières, et du nord, sur un chemin appelé la Tanterelle, lequel chemin doit avoir quinze pieds de large qui lui ont été réservés par le partage.

3°. — Considérant que le communal appelé les Vernées, est encore d'une plus mauvaise qualité, chaque portion individuelle a été évaluée à la somme de 0 fr. 10 centimes, payable annuellement, à la dite commune, au 21 brumaire de chaque année par les propriétaires ou exploitants, selon les déclarations ci-après et à perpétuité.

Le dit canton tenant en sa totalité du levant à des terres labourables, du couchant au ruisseau, du midi aux prés des Moulins et du nord aux bois de Pressigny. Dans lequel communal a été réservé, par le partage, un chemin de quinze pieds de large, allant du midi au nord, à peu près au milieu du terrain pour faciliter la traite des foins des prés des Moulins.

La présente délibération ayant été publiée et connue de tous les habitants jouissant de quelqu'une des portions des dits communaux, ils ont tous fait sur papier marqué une déclaration qui a été envoyée à la Préfecture, dont la copie est jointe à la délibération, et se sont soumis et ont promis tous, sans exception, tant pour eux que pour leurs successeurs et ayants-droit à l'avenir, de payer à la commune de

Savigny les sommes portées ci-dessus, selon leurs déclarations annexées à la présente délibération, qu'ils ont promis de ratifier à la première réquisition qui leur en sera faite par le maire ou l'adjoint, à peine de tous dépens, etc. »

A Savigny, ce premier floréal - (21 avril 1805) — an 13.

Signé : Mortel, secrétaire, Saget, Larmier, adjoint, Rémongin, Blanchard, Bacquet.

Suivent 46 déclarations individuelles faisant suite à la susdite délibération et qui subsistent idem sur papier timbré dans les archives communales.

Le 22 février 1818, nouvelle délibération sur le partage des biens communaux, et le 10 février 1820, la municipalité, aux termes de la loi du 9 ventose an 12 et de l'ordonnance royale du 23 juin 1819, veut sanctionner, tout en y ajoutant des charges, le partage des communaux opéré en 1794, à la suite de la loi du 10 juin 1793.

Une commission fut nommée par le sous-préfet à la date du 7 avril 1818 à l'effet de statuer sur cette affaire.

La commune de Savigny ne possédait plus rien, sauf quelques lisières le long des chemins, etc., qui sans doute avaient été considérées comme quantités négligeables au moment du grand partage. L'amour effréné de la terre ne donna pas l'idée aux propriétaires de ménager scrupuleusement le patrimoine commun ; ils ne se préoccupèrent même pas de sa disparition.

Il sera intéressant pour certains de connaître le document ci-dessous consigné au registre des délibérations du Conseil municipal :

« Ce jourd'hui, 10 février 1820, le maire de la commune de « Savigny, vu l'arrêté de M. le Préfet en date du 8 janvier « et l'ordonnance royale du 23 juin aussi dernier relatifs « à la reconnaissance des usurpations qui ont été faites sur « les terrains communaux, depuis l'époque de trente ans.

« Procédant à cette reconnaissance, assisté des sieurs « Didier, Bouguet, Nicolas Morel, Denis Collas, Nicolas « Maret, tous cultivateurs et Antoine Poinsot, adjoint au « maire de cette commune, tous des plus anciens habitants y « demeurant et choisis par nous pour indicateurs, ayant le « plus de connaissance des lieux, nous sommes transportés :

« 1° Sur le chemin allant à Gilley, nous avons reconnu que « le sieur Claude Braconnier (maison de ferme Mortel), pro« priétaire en cette commune, a fait une anticipation le long « du chemin en repoussant annuellement une haie vive

« servant de clôture au clos qui est derrière sa maison et qui « borne le chemin du nord au midi sur une longueur de 140 « mètres, sur une largeur de 2^{m} 50, ce qui ferait 4 ares 20.

Le chemin de Gilley, à commencer au bout de la tournière du sieur Saget, qui aboutit au levant sur le dit chemin jusqu'à la corvée des murgers ; ce chemin n'ayant que 3 mètres, il sera pris de chaque côté sur les aboutissants pour former la largeur du dit chemin, autant d'un côté que de l'autre et en continuant sur le même chemin, à commencer vis-à-vis le pré Beuvoir, le chemin n'ayant que 4 mètres, il sera pris sur les aboutissants autant d'un côté que de l'autre pour former la largeur du dit chemin.

2° En suivant le chemin finager qui conduit à la prairie du Breuil, les indicateurs ont reconnu que ce chemin, qui doit avoir 6 mètres n'a actuellement que 5 mètres. Estiment les dits indicateurs que pour parfaire la largeur du dit chemin, il serait repris sur les aboutissants une largeur de 0^{m}50 de chaque côté.

3° Le dit chemin arrivant sur le communal dit vulgairement le Dessus du Breuil, sur une longueur de 67 mètres les propriétaires sur le dit communal ont envahi, à commencer par le champ que cultive le sieur Rémongin jusqu'à celui que cultive le sieur Didier Bouguet, en appointant de 4 mètres en commençant, ce qui fait une contenance de 2 ares 68.

4° Le petit chemin, à partir du susdit communal jusqu'à la Haie de Presle sera pris et régularisé après que l'on aura pris la longueur des champs au midi.

5° La Haie de Presle en montant, joignant le canton appelé les Pellerots jusqu'au bout du champ de M. Roy, sur une longueur de 150 mètres, tous les aboutissants au couchant ont anticipé de 7 mètres, ce qui fait une contenance de 10 ares 50.

6° Et depuis l'endroit où commence le champ du sieur Roy jusqu'au bout de la dite haie, qui aboutit sur le chemin allant à Genevrières qui doit avoir 6 mètres de largeur, il a été reconnu par les dits indicateurs ; 1° que le fermier du sieur Roy avait anticipé sur la dite haie du côté du couchant sur une longueur de 100 mètres, de 2 mètres au milieu, finissant en pointe aux deux bouts. Depuis le champ du sieur Roy jusqu'à celui du sieur Aillet, sur une longueur de 60 mètres, les aboutissants ont anticipé sur la dite haie, du même côté, de deux mètres, suivant une ancienne borne qui se trouve sur le champ de la veuve Baudot, et en suivant la même ligne le fermier du sieur Aillet a anticipé de 100 mètres sur 2 mètres de largeur. En suivant le même alignement, le fermier du sieur Marion a anticipé dans le milieu de son champ, vis-à-vis de celui du sieur Roy d'une largeur de 1 m. 60 sur une longueur de 60 mètres, finissant en pointe aux deux bouts.

7° Le chemin allant de Savigny à Genevrières à commencer contre le finage de Genevrières du côté du moulin du Vergilley, ce chemin qui doit avoir 6 mètres n'a actuellement que 2 mètres. Les indicateurs ont reconnu que le sieur Baudot avait anticipé de 2 mètres de large finissant en pointe à l'endroit du cours d'eau qui traverse le dit champ, et les aboutissants de l'autre côté ont aussi anticipé de 2 mètres. Depuis le cours d'eau jusqu'au terreau venant des Combottes, le champ au levant a anticipé d'un mètre et les aboutissants au midi de 2 mètres.

Depuis, le terreau des Combottes jusqu'au terreau des Riaul, la corvée des héritiers Clerget a anticipé de 1 m. 50 au milieu de la dite corvée, vis-à-vis le champ de la ferme de Didier Baudot, à reprendre sur les aboutissants de 1 m. 60. Proche le terreau de la même corvée, au levant 1 mètre de large.

Depuis cet endroit à la croisière des deux chemins, dans le bout du champ des héritiers Clerget, au levant anticipation de 0 m. 50. Depuis la tournière des Ferrand jusqu'à la haie, les Ferrand ont anticipé de 1 m. 50 et le sieur Bournot de 2 mètres.

Depuis la haie susdite jusqu'au champ de Mme Theurel, moitié de la longueur du dit champ, au midi, anticipation de 1 mètre et le champ de Poinsot d'un mètre sur toute la longueur. Depuis la tournière du sieur Claude Braconnier, anticipation reconnue de 2 m. 60 en appointant jusqu'à l'entrée du dit chemin joignant le clos Saget; il sera donné au chemin une largeur de 6 m. 50 à commencer depuis le buisson au bout du clos Hologne jusqu'à la Haie de Presle. Les indicateurs ont reconnu qu'il serait pris 1 m. 50 du côté nord et le restant autant d'un côté que de l'autre en suivant du côté de Genevrières.

8° Le chemin de Voncourt. Il a été reconnu que le fermier du sieur Billerey, au bout du nord de deux sillons qui font tournières, a anticipé de 3 m. 30, et que le sieur Claude Jeannot, menuisier à Valleroy, a anticipé depuis environ 25 ans, sur toute la longueur de son champ, qui est de 160 mètres, d'une largeur moyenne de 2 mètres, ce qui fait une contenance de 3 ares 20.

9° Le chemin de Pressigny. Il a été reconnu que le fermier du sieur Saget avait anticipé au levant de sa corvée, savoir : au bout du côté du village en commençant au bout du premier communal amodié d'une largeur de 5 mètres, vis-à-vis les champs Boilletot une largeur de 3 mètres, et pareille largeur jusqu'au bout de la corvée. Et depuis la corvée jusque contre le finage de Pressigny, la largeur du chemin sera prise sur les aboutissants, excepté depuis le sentier qui vient de Voncourt, qui sera pris du côté du levant une largeur de deux mètres jusque joignant le communal amodié.

10° Le chemin de Fayl-Billot, à commencer derrière le clos Viard, depuis le buisson jusqu'à l'endroit où étaient les poiriers, au milieu de l'alignement, 1 m. 30 en appointant des deux bouts à rendre. Plus haut, largeur 11 mètres qui seront continués jusqu'au bout des champs de l'Epaule, au bout du champ Maret sur le chemin et la tournière à côté, deux toises à rendre, non compris les 4 toises qui doivent rester pour le chemin. Larmier rendra 4 mètres au bas de ses champs, en appointant jusqu'au tas de terre ; depuis cet endroit jusqu'au Petit Franois, le chemin sera régularisé sur une longueur de 6 mètres.

Depuis le pré du Petit Franois, le communal y compris, le chemin a 17 mètres de largeur qui existe. Depuis le pré du Grand Franois en revenant sur l'héritage de M. Poinsot, de Laferté, l'héritage qui joint le dit Grand Franois rendra 1 mètre de longueur finissant en pointe sur le champ du dit sieur Poinsot. Depuis cet endroit les aboutissants au levant rendront 3 mètres jusqu'au champ d'Antoine Poinsot, maréchal, qui doit lui rendre 4 mètres et le sieur Rémongin de l'autre côté au couchant de Mme Tachy, 1 m. 50. Au bout des champs de la Voie des Etangs, les aboutissants, qui sont les sieurs Thomas, Billerey, Mme Froissard et Claude Jeannot rendront 5 mètres de long. De l'autre côté au levant, le petit communal, M. Tachy doit laisser 1 m. 50 de large sur 40 mètres de long.

11° Le chemin de la Tanterelle jusqu'au Bas de Lavaux, à commencer sur le chemin de Pressigny jusqu'au communal appelé le Bois d'Amour, le chemin autant d'un côté que de l'autre en suivant jusqu'au Bas de Lavaux se prendra sur le communal suivant la borne des Essarts au nord du dit chemin et le chêne du bois de Pressigny.

Signé : D. Collas, Bouguet, Poinsot, N. Morel, Maret, Thomas, maire.

Conséquence. — En 1820, le 10 février ou jours suivants, les conseillers municipaux appelés à approuver le procès-verbal des anticipations exercées sur les communaux, et étant presque tous intéressés à l'affaire, refusèrent leur sanction et déclarèrent ne pas vouloir rendre les emprises créées par eux, sans contrainte.

Ainsi finissent souvent les grands désintéressements et les généreux desseins !

Le cadastre consacra beaucoup de ces anticipations, puis vint la Vicinalité qui tailla, sans bourse délier, les terrains nécessaires aux routes principales dont nous jouissons, ce qui remit un peu les choses en l'état. Mais quant aux chemins ruraux, ils ne trouvèrent nul défenseur ; lorsqu'on créa la route de Poinson, beaucoup cédèrent gratuitement le terrain nécessaire ; mais d'autres se firent payer les usurpations.

Chemin longeant le bois de Valleroy (Desserte des Prées)

En 1836, le 8 mai, nous relevons la mention suivante au registre des délibérations relative au chemin longeant le bois de Valleroy. — Le sieur Nicolas, fermier de M. Roy, s'est permis de labourer et semer cette propriété. Sur notification du 9 avril 1835, et sous la menace de poursuites administratives, il se désista en séance du Conseil le 20 avril 1835 ; les foins de cette année furent extraits par ce chemin. Mais l'année suivante 1836, « *contrairement à sa parole d'honneur* » et sous prétexte que son désistement n'était pas signé, le sieur Nicolas a de nouveau cultivé et labouré le dit chemin. D'où l'affaire Roy.

En 1836, 28 mai. — Le Conseil de préfecture a confirmé à la commune de Savigny la propriété qui longe le bois de Valleroy pour aboutir sur le chemin de Gilley, propriété considérée comme chemin de desserte. *La sentence fut rendue par défaut.*

Emotion générale ! L'huissier Larget, de Fayl-Billot, notifie au maire de Savigny que le comte Roy fait opposition à l'arrêté « *surpris* » du Conseil de préfecture... Il prétend être propriétaire de cette parcelle de terre et sans aucune servitude. Il invite (ce qui est fait) la commune à saisir à nouveau le Conseil de préfecture de cette question, sinon lui l'en saisirait lui-même, sous la *réserve* expresse de fait et de droit, même celle de droit que pourrait avoir le requérant de décliner la compétence du Conseil de préfecture.

Le garde-champêtre, François Baudot-Courtot s'est bien transporté à Fayl-Billot à l'effet de notifier à M. Humblot, ancien notaire, homme d'affaires de M. Roy, d'avoir à déposer en mairie ses dires, observations et moyens à produire pour motiver son opposition à la sentence du Conseil de préfecture du 28 mai 1836. Mais qu'est ce chétif représentant local contre la grande puissance! Aussi, le 20 octobre 1836, verte réponse de M. Humblot qui dit que les tribunaux statueront, et donne hautement l'adresse de M. le comte Roy, que l'on ne devait pas ignorer.

Cette affaire eut nécessairement une solution ; les pièces à l'appui doivent se trouver quelque part, mais il reste acquis que la propriété susdite appartient bien à la commune, et le cadastre a consacré ce droit.

Agriculture

Il pourra paraître téméraire de vouloir traiter cet article ; il s'agit toutefois d'envisager le point de vue auquel on se place.

Il est bien certain que le cultivateur connaît parfaitement le sol de son territoire, qu'il n'ignore nullement qu'on peut améliorer son mode d'exploitation ; mais les expériences sont coûteuses, le capital roulant n'est pas ce qui l'embarrasse le plus. Aussi est-il contraint, par la force des choses, d'agir avec une extrême prudence, taxée trop souvent à tort de routine.

La culture a toujours été la ressource principale du pays, et il le fallait bien, car le commerce ne suppléait pas aux besoins du jour. On vivait sur le sol et du fruit du sol ; si les récoltes étaient mauvaises, c'était la famine.

Il y avait à Savigny, quoiqu'il en paraisse, beaucoup de vignerons ; les tissiers en toile étaient nombreux également, mais rien d'ancien ne signale une industrie quelconque ; la vannerie est venue bien après.

Malgré la facilité d'en créer, il y avait peu de prés à Savigny, et avant l'introduction des prairies artificielles, on avait encore recours, comme ailleurs, aux parcages de nuit. Jusque vers 1820 subsista l'habitude traditionnelle — (qui existe encore dans certains départements) — de livrer en pâture, après les foins, certaines prairies du territoire. Tous les ans aussi, pour les bans de vendange, la Municipalité délibérait à ce sujet. En 1820, la demi pâture est interdite sur toutes les prairies avant la récolte de la deuxième herbe. On revint peut-être encore quelquefois à l'ancien usage jusqu'en 1839, mais rarement.

Relevé des relations laissées par M. Ravelet, curé de Savigny.

En 1736. — « Le 29 avril, il fit une gelée blanche qui « endommagea considérablement les vignes de Voncourt et « notamment celles de M. Petit, seigneur, qui ne fit en tout « qu'une feuillette de vin. Mais il n'en fallait pas beaucoup « dans ce château, où ils étaient pour l'ordinaire quatre « à table, sans compter deux valets et une servante qui « ne buvaient pas de vin.

« Le 14 mai, il arriva une seconde gelée blanche, sans » grand mal.

« La nuit du 15 et 16 may, il arriva une troisième gelée « qui perdit les vignes presque universellement, à l'exception « de celle de la cure sur le haut de l'Eglise ; quant aux « autres elles rendirent une petite vendange. Ceux qui « jetèrent à bas ce qui avait été gelé firent bien.

« Il arriva le 18 may une quatrième gelée blanche moins « considérable. Morey et Saint-Julien ne furent pas gâtés et « profitèrent du malheur des autres en vendant la pièce de « vin de cent vingt pintes de Langres jusqu'à quatorze « et quinze écus, avant Pâques.

« La même année, le blé pour la pie de Pressigny se « vendait 3 livres le bichet, et depuis la Saint-Martin 21 à 22 « livres l'émine de Langres, ce qui occasionna une misère « assez considérable, attendu la rareté de l'argent, d'autant « que les trois quarts des laboureurs manquaient de grain « dès Carnaval.

« Après l'hiver, les blés étaient d'une beauté sans pareille ; « il y avait beaucoup de navettes emplantées dans la pie de « Pressigny, mais la nôtre était trop épaisse et ne promettait « pas beaucoup. Ceux qui en avaient de belles trouvaient « du blé sur leur navette à 22 livres l'émine.

« Vers la fin de caresme, plusieurs marchands ont fait des « levées de grains considérables à Langres et dans tous le « pays, lesquels ils faisaient conduire à Gray pour être « voituré, par la Saône, en Provence, en sorte qu'il fut porté

« à 3 livres le bichet, ce qui occasionna une révolte à Gray par « la populace qui saisit et arrêta les dits grains, lesquels « furent déposés dans les magasins jusqu'à nouvel ordre. »

En 1737.— « Ceux qui ont abattu dans les vignes ce qui avait « été gelé en 1736 ont beaucoup mieux fait que ceux qui « n'ont rien abattu.

« Le blé diminue vers la fin du mois de Mai de quarante « sols par émine.

« Les vendanges furent assez bonnes cette année 1737, les « vignes de la cure rendirent neuf muids de vin.

« En 1738, le deux May, les vignes furent gelées. Le blé a « valu depuis la St-Martin jusqu'en Caresme 18 livres et « depuis le Caresme jusqu'en Mai 20 ou 22 livres.

En 1740. — « Dans la présente année les vignes furent « gelées le cinq octobre, et cette gelée dura trois ou quatre « jours, et comme les raisins n'étaient pas en maturité à « cause des pluies continuelles de l'esté, le vin fut très « mauvais et a passé pour poison.

« Circonstance du temps fit germer quantité de bled qui « avaient déjà esté endommagé par l'hiver, ce qui a rendu « le prix excessif, parce que depuis la St-Martin il a commencé « à valoir 3 livres 10 sols. Il n'a point augmenté jusqu'en « mars. »

***

Guerre, Peste et Famine sont trois cruelles sœurs qui ne se quittent guère. A peine les guerres meurtrières du premier empire avait-elles pris fin que la famine sévit avec fureur. Nos grands-pères se souvenaient, non sans émotion, de ce qu'ils avaient appelé *la chère année*. Famine extrême, la plus cruelle du siècle dernier et aussi désastreuse que celles des siècles passés. Avant la maturité, déjà les affamés se jetaient sur les récoltes ; on dut prendre des mesures préventives pour éviter trop d'excès.

Voici le document relatif à Savigny.

1817, 5 juillet. — « Le Conseil municipal assemblé.., M. le « Maire de la commune de Savigny : Vu l'arrêté de M. le Sous- « Préfet, daté du 20 juin dernier ; celui de M. le Préfet, du 9 « juillet dernier relatifs à la formation d'une garde de « surveillance extraordinaire pour la conservation des « récoltes.

« Après avoir lu et fait publier les susdits arrêtés, il a été « de suite formé une liste de tous les habitants non suspects « capables de faire le service qui se monte à 48, divisé en

« 8 brigades, dont le sieur Nicolas Rémongin, garçon, pro-
« priétaire, domicilié à Savigny, est le chef.

« Le service actif et continuel commencera aussitôt
« l'approche de la maturité des seigles, pour être continué
« pendant toute la durée des récoltes. Il sera fait de cette
« manière :

« Le son de la cloche annoncera l'heure de la retraite ;
« aussitôt une brigade, sous la direction d'un des chefs, sera
« chargée de faire des rondes autour du village et dans toute
« l'étendue du finage, de veiller exactement jusqu'au matin
« où la cloche annoncera de nouveau l'heure de la rentrée.

« Il leur sera enjoint d'arrêter et de traduire devant
« l'autorité locale tous les malveillants qui pourraient se
« trouver dans les champs, comme aussi tous ceux qui se
« trouveraient à enlever des gerbes le soir après la retraite
« sonnée, et le matin avant la rentrée. »

***

En 1807, 12 juillet. — Traitement du Garde-champêtre :

1° Cinq centimes par journal de terre de toutes les saisons ;

2° Dix centimes par fauchée de pré.

Si mieux n'aiment les cultivateurs lui donner une gerbe de blé et un carêmage par chaque charrue de 20 à 30 journaux par chaque sol.

3° Les propriétaires de vignes paieront 0 fr. 10 par ouvrée, mesure du pays, et le garde sera chargé de la conservation des fruits et légumes, et de la défense du grapillage jusqu'à 8 jours après vendange.

En 1816, 31 décembre. — On reconnait l'utilité de deux gardes-champêtres : sont nommés en cette qualité Alexandre Rousselot, cultivateur et François Chantôme, manouvrier. Les exploitants du territoire leur paieront cent francs, à charge par eux d'en lever les deniers sur un rôle qui leur sera remis le 11 novembre 1817, et dans lequel répartition sera faite proportionnellement entre chaque exploitant.

En 1806, 15 novembre. — Salaire du Pâtre :

1er.— Un bichet moitié blé, moitié seigle pour garder quatre vaches ou sept moutons ;

2e.— Dix centimes par mois pour chaque cochon ;

3e.— 0 fr. 25 par mois pour chaque chèvre ;

4e.— Les propriétaires de bestiaux donneront un morceau de pain au Pâtre, chacune des quatre grandes fêtes de l'année.

A sa charge par lui : 1er Payer en entier les animaux perdus ; 2e Payer la moitié des animaux enlevés par le loup, à la condition de rapporter quelques lambeaux de la bête perdue.

Vaine Pâture

« En 1812, 15 juin. – Il y a à Savigny 210 bêtes de gros « bétail et 48 hectares de pré.

« Les habitants des communes voisines qui possèdent « quelques petites parcelles de pré sur le territoire s'en « autorisent pour y conduire en pâture une quantité de bétail « considérable.

« On a constaté qu'un hectare de pré suffit à peine pour la « nourriture de trois têtes de gros bétail.

« Le Conseil demande que l'autorité supérieure autorise à « empêcher les forains d'amener plus de bétail que les « habitants de la commune ».

***

En 1822, 25 août.— Délibération et arrêté municipal relatifs au droit de vaine pâture :

« Les propriétaires forains, notamment ceux de Voncourt « et Valleroy, s'autorisant de leur droit de propriété pour « amener leur bétail en pâture, notamment dans les meilleurs « endroits.

« Or, d'après une statistique officielle, Savigny possède à « cette époque 234 bêtes de gros bétail. La totalité des terres « labourables qui, à différentes époques de l'année, sont « livrées à la vaine pâture est de 1.738 journaux et 183 « fauchées de prés.

« En conséquence : Tout forain ne possédant pas plus de « cinq quartes de pré est exclu du droit de pâture.

« Tout particulier forain exploitant cinq quartes de pré « aura le droit de mettre en pâture une tête de gros bétail. « Le nombre de bestiaux qu'il pourra être admis à mettre « en libre pâture sera calculé sur cette base. »

***

En 1866, 26 avril. — Vu les lois et considérants. . . . . ,

« **Art. 1er. — Tout propriétaire ou fermier, outre les avan- « tages accordés à tous les chefs de famille par l'article sui- « vant, pourra conduire deux bêtes à laine, tant moutons**

« d'âge qu'agneaux par chaque hectare de terre qu'il possède « ou exploite dans la commune.

Art. 2. — Tout chef de ménage, domicilié dans la com- « mune est autorisé à envoyer au parcours dix bêtes à laine, « tant moutons d'âge qu'agneaux,

« Art. 3. — Le parcours est interdit dans les terres closes « par des murs, palissades, haies vives ou mortes.

« Art. 4. — Il est également prohibé dans les prairies arti- « ficielles, dans les oseraies, dans les plantations et dans les « terres ensemencées qui n'ont pas encore été dépouillées de « leurs récoltes.

« Art. 5. — Toutes contraventions aux dispositions qui « précèdent seront constatées par des procès-verbaux et « poursuivies selon les lois.

« Art. 6. — Le garde-champêtre est spécialement chargé « de l'exécution des présentes. »

En 1890, 24 août. — Vu les lois du 9 juillet 1889 et 22 juin 1890, le conseil demande le maintien du droit de vaine pâture qui sera réglé par l'administration locale.

Notes éparses

En 1836, 6 septembre. — Refus par la municipalité de s'abonner à la Broie mécanique de De Laforêts. (Probablement machine à battre).

En 1853, 26 décembre. — Vote de 0 fr. 06 par franc sur les quatre contributions directes pour venir au secours des malheureux. En effet, en 1853, presque tous les blés ont germé ; le pain fut détestable et en outre il y eut pénurie. Prélude probable du choléra de 1854.

En 1863, 12 février. — Vote d'un impôt de 0 fr. 05 par franc sur le montant des quatre contributions directes pour subvenir à la construction d'une maison de berger. Le conseil municipal et les plus imposés étaient convoqués. Malgré la mention que l'impôt est voté à l'unanimité, il y eut des tiraillements. Deux des plus imposés étaient désignés comme présents, mais n'assistaient pas à la séance. Ce fait donna prétexte à un conseiller municipal d'inscrire une protestation sur le registre des délibérations, et mit les deux absents en demeure de ne pas signer. L'affaire en est restée là, et les quelques matériaux déjà approvisionnés disparurent promptement.

En 1865, 9 novembre. — Vote pour acquisition d'une pompe à incendie, etc., etc.

Administration locale

Avant 1789, Savigny, comme toutes les autres communautés, et peut-être dans une mesure encore plus large en sa qualité de franc-alleu, jouissait de son autonomie et gérait ses intérêts selon son bon vouloir.

Il y avait bien les agents du fisc ; échevins, gabelous, etc., qui assuraient les droits dus au Roi et au seigneur, mais cela soldé, généralement on s'organisait selon les besoins du moment. Cette administration du passé était à peu près la même partout et ne présente pas pour Savigny un intérêt particulier.

Le régime centralisateur qui nous régit actuellement, a bien aussi ses qualités et ses défauts, mais attendre la perfection serait trop vouloir.

Depuis la grande Révolution, la série des maires et adjoints de Savigny reflète presque exactement leur époque. Tel pouvoir a ses adhérents comme administrateurs communaux ; changement de gouvernement, plusieurs refusent le serment de fidélité et démissionnent, etc., etc.

C'est l'histoire de tous les temps.

Liste de MM. les Maires et Adjoints de Savigny

Maires	Adjoints
1793. — Poinsot Antoine, officier public.	
1797. — Bacquet Antoine, officier communal.	1798. — Larmier Nicolas. 1799. — Raillard Jean. 1799. — Charlot Nicolas.
1814. — Thomas Pierre.	1799. — Larmier Nicolas. 1816. — Poinsot Antoine. Rémongin Franç[s].
1840. — Rémongin François.	1840. — Saget Toussaint. 1842. — Baudot François.
1848. — Daudanne Jean-Nicolas.	1845. — Mortel François. 1848. — Pougeux Antoine.
1852. — Bacquet Jean-Claude.	
1860. — Morel Nicolas.	
1868. — Daudanne Charles.	1881. — Pallérion Xavier.
1874. — Bezanson Charles.	1897. — Aubert Claude-Antoine.
1897. — Pallérion Xavier.	

Finances

La situation financière de Savigny est loin d'être brillante, les ressources communales étant presque nulles.

Cependant il est de lourdes charges obligatoires auxquelles il faut pourvoir. Elles sont sensiblement les mêmes tous les ans ; aussi les budgets qui se succèdent et que l'on a peine à balancer avec quelques francs d'excédent, sont toujours à peu près identiques. La bonne volonté de la municipalité n'y peut guère, et plus elle se renouvelle, plus c'est toujours la même chose. Si une certaine dépense impérieuse surgit et exige un capital, on est fatalement condamné à voter des centimes additionnels, si peu populaires cependant.

Il y a un demi-siècle, on pouvait encore éviter certains impôts extraordinaires, car la corvée traditionnelle, quoique non obligatoire, subsistait encore pour l'intérêt général. Tous travaux, sauf ceux d'art, étaient exécutés par les habitants, les manœuvres offraient leurs bras, les cultivateurs leurs voitures ; mais les populations changent. Les nouveaux habitants venant souvent de localités plus riches, se soumettaient avec répugnance aux vieux usages ; d'autres refusaient leur concours, sauf contrainte, puis les anciens se fatiguèrent pour les autres.

C'en était fait de la corvée.

Depuis cette époque une Administration prit à tâche d'éviter absolument tout centime additionnel ; il en résulta que des réparations urgentes s'aggravèrent et par suite contraignirent à des dépenses importantes.

Un impôt n'a certainement rien de séduisant, le centime par franc — (qui produit environ 30 fr.) — atteint surtout celui qui possède des immeubles, mais l'indigent est à peu près épargné. Il est peut-être utile d'étudier la question du centime additionnel, car il n'est pas toujours compris.

Le principal des quatre contributions directes de la commune de Savigny varie de 3.100 fr. à 3.300 fr. suivant l'exercice, c'est la base de tout impôt extraordinaire.

Ce principal des quatre contributions directes — (3.100 fr. à 3.300 fr.) — est la somme que devraient réellement payer les contribuables, s'ils n'étaient grèvés d'impôts extraordinaires. A ce propos, il est essentiel de noter que si la commune a le droit de voter des centimes additionnels avec une faculté limitée, l'Etat et le département jouissent du même privilège et en usent largement. C'est de là que viennent souvent les augmentations inattendues.

Tous ces centimes additionnels, accumulés et ajoutés au principal des quatre contributions directes produisaient en 1875 un total de 5.086 fr. 37 et en 1896, 5.840 fr. sommes réellement payées par les contribuables dans les années susdites ; et pour résumer, en chiffres ronds, au lieu de 3.000 fr., on payait environ le double, soit 6.000 francs, avec l'adjonction des centimes additionnels qui grevaient d'environ cent pour cent. Il résulte de ce qui précède, que les centimes additionnels pèsent sur 3.100 fr. à 3.300 fr. et non sur 5.086 fr. à 5.840 fr. 51. Un simple calcul suffira pour s'assurer que quand on vote un centime, au lieu de 1 fr. on ne paie pas 1 fr. 01, mais environ 1 fr. 005, (1 fr. et 1/2 centime).

La commune de Savigny, sous l'administration de M. Ch. Bezanson, sut habilement se servir des avantages offerts par certaines lois récentes, et volontairement s'imposa successivement 0,30 centimes additionnels destinés à l'amortissement d'emprunts, tant à la caisse des chemins vicinaux, qu'envers divers particuliers ; plusieurs de ces centimes sont déjà éteints : les derniers vont disparaître très prochainement. Nul n'est plus pauvre, l'intérêt général y a gagné !

Personne ne regrette ces centimes additionnels qui ont permis, sous une administration éclairée et si désintéressée, la construction du chemin de Poinson, si utile à tous égards, l'érection d'une fontaine couverte, les réparations du Presbytère, etc., etc...

On s'étonne parfois d'être plus imposé à Savigny qu'ailleurs. Nous répondrons d'abord que le territoire est entièrement exploité ; qu'il n'y a ni terrain vague ni forêts ; mais voici une seconde raison qui nous paraît fort plausible.

Quand il y a environ soixante-dix ans, le cadastre passa, comme l'on disait alors, la loi qui le prescrivait n'avait pas pour unique but le bien des populations, mais surtout une meilleure répartition de l'impôt. Les indicateurs de Savigny, très fiers de leur territoire et de leurs biens propres, désignèrent beaucoup trop de propriétés comme de 1re et de 2e classe et bien trop peu de 3e, 4e et 5e classe. Fatalement on devait payer plus cher pour des terres de premier choix et l'on subira encore bien longtemps la conséquence de ce petit point d'orgueil local.

Il y a quelques années, la commune de Savigny percevait

encore un cens sur le moulin de Genrupt; c'était un revenu annuel de 52 fr. Depuis, ce sens a été racheté, et de ce fait la commune perd environ la moitié de l'ancien revenu.

Vicinalité

Quand on arrive à Savigny par de belles avenues ombragées, on songe peu à ce qu'étaient ces chemins, il y a cinquante ou soixante ans ; tous n'étaient guère plus praticables que nos voies rurales actuelles. Il serait trop long de décrire le lamentable état des choses d'alors ; on voyait rarement des carosses, mais par contre beaucoup de cavaliers. D'insatiables voisins empiétaient continuellement sur les chemins au point d'en faire varier parfois l'emplacement ; il se produisait de temps à autre des fondrières que l'on recomblait avec quelques voitures de pierres brutes ou de déblais.

Sur le territoire de Savigny, on retrouve des traces de voies anciennes aboutissant au Camp Romain de Bourguignon. Dans la suite des siècles, d'autres chemins durent aussi disparaître, notamment celui qui devait passer par Béyeux et les Moulins pour rejoindre celui longeant à l'ouest le bois de Génevrières, pour aboutir sur la grande route de Poinson. En 1814, les alliés le connaissaient : ils voulurent s'y engager, il leur fut difficile de sortir de ce mauvais pas.

Tableau des chemins communaux, approuvé par M. le Préfet le 12 janvier 1817

Chemin de		largeur fixée par le Préfet,		
Chemin de	Pressigny,	largeur fixée par le Préfet,	8	mètres
—	Voncourt,	—	8	—
—	Valleroy,	—	8	—
—	Gilley,	—	6	—
—	Genevrières,	—	8	—
—	Poinson,	—	6	—

Ce classement primitif du chemin de Poinson fut un témoignage puissant en faveur de l'administration quand il s'est agi du nouveau classement de cette route et de sa construction.

La population d'autrefois n'était cependant pas indifférente aux questions de vicinalité. En ce qui concerne la municipalité de Savigny, rappelons quelques-unes de ses préoccupations et aussi certaines décisions prises après délibérations :

En 1808, le 14 mai. — Le conseil, convoqué sur l'invitation de M. Massin-Petitot, commissaire pour la réparation des chemins vicinaux, est d'avis que le tableau des chemins affiché pendant quinze jours, soit adressé au Préfet pour être approuvé, et que les mesures juridiques pour la restauration des chemins vicinaux soit le plutôt possible mise à exécution.

En 18 9, 10 février. — Arrêté de M. le Maire relatif à l'entretien de la voie publique dans l'enceinte du village. Considérant que dans plusieurs endroits, il est impossible de passer avec des voitures de foin ou de gerbes :

Article principal. — On conduira devant la maison de Claude Braconnier (la dernière à droite en allant à Gilley) les déblais qui sont dans la cour de la cure et les déblais du mur du jardin de la dite cure. Le 13 suivant, les cultivateurs conduiront ces déblais et un manœuvre de chaque ménage aidera à la charge. On déchargera une voiture ou deux dans un trou qui se trouve devant la maison de M. Rémongin.

En 1819, — Plainte d'André Péchiné (dit Mazarin), contre Claude Braconnier qui, en déposant son fumier sur la rue empêche la circulation, et surtout rend impossible l'accès de sa chenevière du Pâquis. Cette pétition d'André Péchiné accusait que la rue devait avoir soixante pieds de large.

1820, 10 février. — Un document déjà reproduit plus haut donne des indications sur la largeur des chemins à cette date.

1829, 4 janvier. — Première délibération concernant la rédaction d'un rôle de prestations. La municipalité demande à faire ses prestations en nature comme par le passé. Tarif : journée d'hommes 1 fr. 25, journée d'animal 2 fr., une voiture 2 fr.

1839, 10 mai. — Vote de trois journées de travail par homme de 18 à 60 ans, et trois journées d'animaux et voitures; estimé 1 fr. 50 par individu et par animaux. Vote en sus de 0 fr. 05 sur le montant des quatre contributions directes.

1841, 12 mai. — Conversion en tâches des prestations :

Fournitures des matériaux

1° Prix d'extraction d'un mètre cube de pierre	0 50
2° Transport d'un mètre à un kilomètre.......	0 85
3° Emmétrage d'un mètre cube..............	0 15

Emploi des matériaux

4° Fouille et remuement d'un mètre cube de terre, fossés et nivellement 0 30
5° Pose d'un mètre cube de pierres en hérisson 0 50
6° Casse d'un mètre cube de pierres (anneau 0m06) 0 90
7° Pose d'un mètre cube de castille.... .... 0 10
8° Elouage des chemins, redressement des accotements.......................... 0 05

1853, 6 février. – Mme Bezanson obtient l'autorisation de faire ses prestations sur le chemin de Fayl.

1882, 15 juillet. — Acceptation du projet d'alignement de la ligne n° 25 dans la traverse du village et d'élargissement du chemin de Savigny à Voncourt. La commune se charge de l'acquisition des terrains, mais non de travaux d'art, ni de reconstruction de murs.

Revenant à la construction des chemins, rappelons que chaque année s'adjugeait un tronçon, et qu'après un laps de temps relativement assez court, tous se trouvèrent terminés. Quand il s'agissait de travaux importants exigeant des écrêtements pénibles et nombreux, tous les prestataires étaient convoqués à faire leurs trois journées, dans une semaine préalablement choisie ; tous, alors, travaillaient sous la direction de l'agent-voyer, toujours présent ; le résultat obtenu en six jours était vraiment étonnant.

Les routes de Farincourt à Corgirnon (n° 25) et d'Ouges à Fouvent, étaient déjà classées dans les cartons administratifs; elles furent promptement terminées et, dès 1857, leur entretien était confié à des cantonniers.

Mais, restaient à la charge exclusive des communes, les chemins vicinaux ordinaires. A Savigny on commença par celui de Gilley. Toutes les municipalités eurent à se préoccuper des chemins de cette catégorie, mais à l'encontre de Savigny, qui ne demanda qu'après, beaucoup de communes, profitant de certaines hautes influences, furent assez habiles pour persuader à l'administration que leurs chemins intéressaient d'autres localités, à fin de les faire participer à la dépense de leurs projets, comme si, sous ce rapport, il n'existait pas pour tous l'usage d'un système de réciprocité.

Quelques citations ne seront peut-être pas déplacées ici :

1828, 10 mai et 1829, 9 juillet. — Refus par Savigny de contribuer à la reconstruction du pont de Laferté-sur-Amance; 43 communes sont appelées à participer à cette reconstruction.

1831, 3 février. — Le Conseil refuse de participer à la reconstruction du chemin de Gray à Bourbonne.

1847, 8 mai. — Le Conseil consent à reconnaître l'utilité du chemin de Corgirnon à Chaudenay, mais ne vote aucun subside autre que les prestations.

1862, 17 septembre et 1863, 27 octobre. — La municipalité rejette la demande de classement du chemin de Bussières à Chalindrey ; malgré ce refus, la commune est contrainte d'office de participer à la dépense.

1883, 19 juillet. — Refus par le Conseil de participer aux frais d'un embranchement reliant la gare de Chalindrey au chemin de Bussières. En son temps, construction du chemin de Genevrières à Belmont, Savigny dut y participer.

Le chemin de Poinson, dit du Fayl

De ce qui précède, il résulte que la construction des chemins vicinaux ordinaires s'opérait lentement et avec beaucoup de tiraillements, lorsque fut promulguée la loi du 17 juillet 1868, créant une caisse des chemins vicinaux. Elle offrait aux communes pauvres des prêts avantageux, remboursables en trente ans par annuités; elle assurait aussi de larges subventions pour l'achèvement de leurs chemins.

Cette loi, comme tant d'autres, passa un peu inaperçue, mais à Savigny quelqu'un veillait et songea à en tirer des premiers tout le profit possible des avantages qu'elle offrait: en principe la construction du chemin de Poinson était décidée.

C'était en 1874, le 10 août. — (Notons en passant que la guerre Franco-Allemande avait arrêté bien des projets.) — Le jour susdit, M. Ch. Bezanson, maire de Savigny depuis deux mois, appela l'attention du Conseil municipal sur la création du chemin de Poinson, si utile à tous égards. On sait comment depuis il continua son œuvre avec une infatigable ardeur. L'exposé des avantages qu'offrait la loi récente fut faite avec habileté, et le Conseil sût comprendre. Ah ! elle ne fut pas unique, cette première délibération. Le projet était hardi, les difficultés à surmonter furent nombreuses.

Il fallait d'abord faire classer ce chemin, ce qui était loin d'être facile, car l'Administration l'avait méconnu. Quelqu'un sut retrouver, dans les archives de la mairie, d'anciens tableaux des chemins de Savigny revêtus de toutes les sanctions administratives.

L'avis des communes riveraines ou autres pouvant avoir intérêt à la création de cette route fût demandé ; on eût soin de ne solliciter d'elles aucun subside ; aussi tous les rapports furent favorables, sauf Pressigny ; la commune de Genevrières offrit même gracieusement le terrain dans ses bois pour le percement de la voie, comprenant sagement l'avantage qu'elle en retirerait pour la vidange de sa réserve.

Comme il est dit plus haut, il y eut cependant une exception au concours bienveillant de toutes les communes ; celle de Pressigny se montra dès le début hostile au projet, sous prétexte que l'ouverture de cette voie nuiraït à son commerce, — (sic) — ; elle émit même l'idée stupéfiante d'un chemin longeant le bois des Noues, pour arriver à Fayl-Billot et auquel participerait Savigny.

Malgré les récriminations de Pressigny, le chemin fut classé. Au mauvais vouloir succéda le dépit. Par suite de certaines manœuvres et peut-être d'influences puissantes, certains de Pressigny parvinrent à faire remettre le tout en question.

M. Ch. Bezanson, maire de Savigny, fut appelé à comparaître, à cet effet, devant la Commission du Conseil Général, présidée par M. Danelle Bernardin. La Commission pensait avoir à faire un chemin nouveau ; mais quand M. le Maire lui eut présenté le dossier et le titre récent du classement du chemin de Poinson sous le n° 4, elle ne voulut pas prendre une mesure rétrospective qui du reste eut été contre l'esprit de la loi. Les fières prétentions de Pressigny s'effondraient.

Ce n'était pas fini cependant ; pour le percement de la route, il fallait aliéner 33 ares de son bois. Pressigny ne se laissa pas exproprier et consentit à céder un terrain moyennant un titre de 17 fr. de rente 3 0/0 français que la commune de Savigny, — elle si pauvre cependant ! — lui assura par délibérations des 20 février et 9 novembre 1877.

Les difficultés premières étaient vaincues, les ressources étaient assurées en partie ; on se mit à l'œuvre, en adjugeant par tronçons, en partant de Savigny ; le pont sur le Vannon fut construit et malgré quelques retards forcés on aboutit promptement au résultat. La commune de Poinson se chargea de la construction et de l'entretien de ce chemin sur son territoire ; mais comme sa situation financière ne lui permettait pas d'avoir part aux subventions de l'Etat, Savigny emprunta pour elle ; de son côté elle prit l'engagement de verser annuellement 116 fr. dans la Caisse municipale de Savigny, subvention qui subsistera jusqu'à complet amortissement de l'emprunt.

Rappelons quelques-unes de ces délibérations relatives au chemin de Poinson ;

1874, 10 août. — Première délibération décidant création du chemin de Poinson.

1875, 25 juillet. — Emprunt de 8.000 fr. à la Caisse des chemins vicinaux.

1876, 6 avril. — Approbation du plan du chemin de Poinson et du dossier qui l'accompagne.

1876, 28 mai. — M. Bezanson offre 1.500 fr. pour activer sa construction.

1877, 20 février et 9 novembre. — Achat au profit de la commune de Pressigny d'un titre de 17 fr. de rente 3 0/0 pour aliénation de 33 ares de ses bois.

1878, 10 mars. — Indemnité de 80 fr. votée en faveur de l'entrepreneur du dit chemin par suite d'interruption de travail. M. Bezanson confirmant son engagement du 10 août 1874, s'oblige à verser 160 fr. pendant 30 ans dans la caisse municipale pour aider à payer l'annuité à la caisse des chemins vicinaux.

1879, 19 juillet. — La commune de Poinson a fait du terrassement sur le chemin en construction à l'endroit de Saint Pellegrin, (territoire de Pressigny). Le Conseil vote 160 fr. en faveur de cette commune, à prélever sur les subventions des chemins vicinaux, mais les fonds devront être exclusivement affectés à la construction du dit chemin, partie afférente à Poinson.

1880, 19 septembre. — Délibération complémentaire résumant celles du 25 et 26 juillet 1880, car un nouveau crédit de 62.750.000 fr. était voté par la loi du 12 mars 1880. La municipalité de Savigny, désirant profiter des premières à ce nouveau crédit et à ses avantages vote un nouvel emprunt de 7.900 fr. (5.000 fr. pour Savigny, 2.900 pour Poinson). On demande à participer, dans une large mesure, aux subventions de l'Etat.

Pour assurer le paiement des annuités on vote pour 30 ans un impôt de 6 centimes 1/2, au produit duquel s'ajoutera l'allocation de Poinson s'élevant à 116 fr. L'Assemblée exprime le vœu que le reste des travaux à exécuter soit adjugé d'ensemble pour arriver à une prompte et définitive ouverture de la voie et accepte la proposition de M. Bezanson d'avancer gratuitement, sans intérêt, à la commune la subvention qui devait lui être attribuée en 1881

Depuis M. Ch. Bezanson, par testament, a assuré le traitement du cantonnier chargé de l'entretien de ce chemin.

Cette nouvelle route de Savigny à Poinson se dirigeant à Fayl-Billot, était livrée à la circulation dès 1882-83, mais l'inauguration solennelle n'eut lieu que le 14 septembre 1884. Il y eut à Saint Pellegrin brillante fête champêtre et grand concours de peuple, — (les grandes manœuvres y avaient amené nombre d'officiers), — puis feu d'artifice le soir dans le parc de Savigny, etc.

Le clergé, trouvant peut-être avec raison cette fête un peu trop profane, refusa de venir bénir la statue de St Pellegrin.

Bureau de Bienfaisance

C'est un devoir de reconnaissance de rappeler aux indigents du pays, le souvenir du prévoyant et généreux philantrope qui déposa à Savigny le germe de cette institution charitable.

M. Buisson était allié à la famille de Tricornot du Trembloy. Maître de forge à Farincourt, il était naturel que son pays fût favorisé, mais Savigny, Voncourt, Valleroy, probablement Bourguignon et sans doute d'autres communes encore reçurent leurs mille francs pour créer leurs bureaux de bienfaisance.

On dit que le comte Roy n'avait point songé à reconnaître Savigny, son pays natal; ce seraient ses héritiers qui, par décence, auraient offert ces 3.000 fr. dont on doit être profondément reconnaissant, mais qui sont une bien minime obole du *plus grand propriétaire de France*, alors que sa fille Mme la comtesse de la Riboisière fondait à Paris l'hospice qui porte son nom.

M. Ch. Bezanson, dont nul n'ignore le grand cœur, toujours empressé à soulager toutes les misères, n'oublia pas ses pauvres, dont il doubla à peu près le revenu.

L'exemple des généreux devanciers sera certainement imité. Beaucoup ignorent comment le bureau de bienfaisance tout en faisant annuellement des distributions, parvint en 1897, et avant le legs de M. Bezanson, à se créer un revenu d'environ 300 fr. de rente.

Les mille francs de M. Buisson furent placés en rente sur l'Etat, alors que la Bourse n'était pas encore livrée à la frénésie d'aujourd'hui.

M. Grosseteste, percepteur, sût habilement profiter des bons moments et fit fructifier le capital. La dotation de M. Roy permit de faire mieux encore. Le Conseil d'administration du bureau de bienfaisance fit plus tard des économies qui augmentèrent les rentes. Cependant, depuis, le capital primitif eut à subir toutes les conversions de rentes d'Etat; ce qui diminua d'autant ses ressources.

Les plus anciens membres du bureau de bienfaisance, en bons pères de famille estimèrent qu'il était urgent de se créer en réserve quelques économies pour faire face à des besoins pressants.

Heureuse idée qui permit de faire le bien.

En 1854, c'était l'année terrible du *choléra !*

Simultanément sévissait aussi la *suette*, maladie plus bénigne en apparence, mais peut-être ici plus funeste en ses conséquences. Le bureau de bienfaisance sacrifia toutes ses économies; les religieuses furent chargées d'avoir toujours du bouillon gras à la disposition de tous les malades indigents et aux autres dans le besoin. Cela est un fait réel, un peu tombé dans l'oubli, mais qu'il est bon de rappeler.

Dix ans après, une famille indigente fut frappée d'un grand malheur; les économies anciennes permirent de lui venir en aide dans une large mesure. Voilà le vrai rôle d'un bureau de bienfaisance.

Quand M. Ch. Bezançon fit partie du dit bureau, il émit l'avis de distribuer annuellement et intégralement les revenus. La Commission n'avait rien à craindre, sachant fort bien que sa charité inépuisable pourvoirait aux exigences accidentelles.

Mais cette Providence vivante n'est plus, peut-être serait-il sage de revenir à l'idée des anciens et de songer au lendemain, car les pauvres auront toujours à compter avec les années de disette, les malheurs et les maladies.

L'intention des fondateurs du bureau de bienfaisance paraît toujours avoir été de secourir les plus infortunés, vieillards, infirmes, veuves et orphelins, et d'avoir toujours une ressource pour parer aux accidents graves qui peuvent se présenter. La mission des membres du bureau de bienfaisance est extrêmement délicate et des plus sévèrement appréciée. Cependant on y juge en général avec la plus grande impartialité, *car tout membre qui s'inspirerait de ses sentiments personnels ou intéressés serait indigne de son mandat.* On n'a pas à étudier le passé, mais à se préoccuper des besoins du moment.

Il est certainement très difficile d'apprécier les infortunes. Les pauvres honteux n'osent avouer leur misère ; certains se croient des droits acquis, ce qui est ridicule et faux ; d'autres ne pensent qu'à eux comme si tous n'étaient pas intéressants.

Ah ! qu'il est difficile de faire le bien !

Juges, Procureurs, Greffiers, Notaires

Savigny, comme la plupart des communautés, avait sa justice, ses notaires, etc., dont il est difficile de préciser l'importance. En général, avec quelques nuances suivant les lieux et les coutumes, « ...on distinguait autrefois, haute, moyenne et basse justice seigneuriale : la haute justice était celle qui pouvait prononcer la peine capitale; la moyenne justice avait droit de juger des actions de tutelle et des injures dont l'amende n'excédait pas *60 sols*; la basse justice connaissait des droits dûs au seigneur, du dégât causé par les animaux et des délits dont l'amende ne pouvait excéder 7 sols, 6 deniers ».

Voici dans l'ordre chronologique les magistrats locaux dont les noms sont connus.

1622	8 juin	Ogier Gabriel, juge à Savigny.
1623	juillet	Barbier, greffier au dit lieu.
	août	Corbeil J.-B., greffier au dit lieu.
1623	14 août	Montillier Pierre-Evrard, procureur à Savigny.
1628	3 octobre	Ogier Didier, juge à Savigny.
1631	septembre	Montillier Gérard, procureur à Savigny.
1632	9 décembre	Gudy Simon, procureur à Voncourt.
1674	3 juin	Demongeot, procureur fiscal.
1674	3 juin	Blanchard J. B., greffier.
1675	19 juin	Demongeot François, procureur d'office en justice, Savigny, Voncourt, Farincourt.
1678	19 juin	Blanchard J.-B., greffier.
1681 et 1683		Blanchard J.-B., notaire tabellion de Savigny, Voncourt et Farincourt.
1684	27 juillet	Blanchard J.-B., greffier et notaire.
1691	2 mai	Demongeot Claude, juge à Pressigny.
1699	10 novembre	Jeannyot-Demongeot, procureur fiscal à Farincourt.

1706	8 octobre	Décès de Blanchard J.-B., juge de Pressigny, notaire tabellion et greffier en justice à Savigny et Voncourt, procureur fiscal à Gilley, greffier de la justice à Valleroy.
1707	22 novembre	Millerand Charles, procureur fiscal à Savigny.
1711	1er octobre	Remongin François, notaire tabellion, Savigny, Voncourt, Farincourt.
1714 à 1717		Remongin François, notaire tabellion et greffier de la justice.
1717	21 février	Blanchard Nicolas, syndic perpétuel, puis procureur syndic.
1717	28 avril	Demongeot François, avocat au Parlement, habite Fayl-Billot.
1724	25 mars	Morel François, greffier à Farincourt.
1724	10 juillet	Rémongin-Demongeot, juge des terres de Genevrières et autres lieux.
1724	19 octobre	Millerand Charles, bailly de Savigny.
1726		Blanchard Nicolas, notaire ducal à Savigny, procureur fiscal, justice Savigny et Voncourt.
1729	2 mars	Millerand Charles, bailly de Savigny, Voncourt et autres lieux.
1729	2 mars	Blanchard Nicolas, greffier, notaire tabellion de Savigny et Voncourt.
1731	31	Lombard Jean, sergent en justice de Savigny.
1732	20 mai	Cournault François, lieutenant en la justice de ce lieu et bourgeois de Farincourt.
1734	18 octobre	Décès de Grisot Antoine, (26 ans), procureur fiscal de Savigny et Voncourt.
1734	30 décembre	Lombard François, sergent ordinaire en la justice de Savigny.
1736	7 mai	Ferrand Nicolas, greffier en la justice de Savigny.
1736		Rougé Thomas, notaire royal à Savigny.
1738	2 novembre	Blanchard, greffier à Gilley.
1741	7 décembre	Braconnier J.-B., lieutenant en la justice de Savigny.
1744	14 janvier	Marion J.-B., lieutenant en la justice de Savigny.

1744 23 novembre Rémongin Antoine, procureur fiscal à Savigny.
1746 23 août Morisot Pierre, syndic.
1747 30 juillet Rémongin, procureur; Marion, lieutenant; Ferrand, greffier.
1751 28 juin Ferrand J.-B., procureur fiscal à Savigny.
1752 5 juillet Rousselot François, procureur d'office en la justice de Voncourt.
1753 5 mars Varney Joachim-Nicolas, bailly à la justice de Savigny.
1771 28 octobre Bournot Jean, greffier, (dans l'acte suivant recteur d'école).
1774 5 janvier Rémongin François, procureur fiscal.

Il est probable que ces derniers titulaires continuèrent leurs mandats jusqu'à la Révolution de 1789. Les archives communales n'en font plus mention à partir de cette date.

Fermes du Roi

Il est assez difficile aujourd'hui de définir exactement ce qu'étaient les Fermes du Roi.

Pour notre contrée, on ne connait que les postes de Savigny et Grenant ou Coublanc. A noter que les employés de cette administration, comme les recteurs d'école, s'alliaient en général aux familles les mieux posées du pays.

Ferme dn Roi. — Bail ou louage d'un fonds, d'un héritage, d'un droit quelconque, moyennant un certain prix que l'on paie tous les ans. Pour éviter le danger de recevoir beaucoup moins, on abandonne l'espérance de recevoir davantage. Les gentilhommes laïques pouvaient, sans déroger, être adjudicataires ou cautions des Fermes du Roi. (Encyclopédie de Diderot).

Voici, par ordre chronologique, la série des employés connus des Fermes du Roi au poste de Savigny.

1693 octobre Jean Monot, garde des foraines.
1693 octobre Gardin, garde des foraines.
1695 6 novembre Le Cleot Jean, employé aux fermes de Sa Majesté.
1702 28 mars Dolodine Georges, employé aux fermes de Sa Majesté.
1705 21 juillet Paupelard Claude, employé aux fermes de Sa Majesté.

1705 juillet Rimet Etienne, brigadier et lieutenant au poste de Savigny.

1707 17 juillet Germain Claude, employé aux fermes de Sa Majesté.

1707 18 juillet Germain Didier, employé aux fermes de Sa Majesté.

1708 13 octobre Legris-Blanchard Jean, employé aux fermes de Sa Majesté.

1712 janvier Briffaut François, garde du roy.

1712 26 décembre Bailly Etienne, brigadier des employés au poste de Savigny.

1714 octobre Duchêne-Roy, lieutenant-brigadier des employés au poste de Savigny.

1722 17 juillet Jolivet Jean, employé au poste de Savigny.

1722 17 juillet De Lamarche Claude, brigadier des fermes du Roi.

1722 17 juillet Ruaut Nicolas, employé de la dite brigade.

1723 1er février Les Maret de Pressigny, employés aux fermes de Sa Majesté.

1725 17 février De Champy du Toison Léonard, employé aux fermes de Sa Majesté.

1723 17 février De Champiedmont, écuyer, employé aux fermes de Sa Majesté.

1724 23 janvier De Champiedmont François, employé aux fermes de Sa Majesté.

1725 2 février Rocq Claude, brigadier des fermes du Roi au poste de Savigny.

1725 29 octobre Casse Caillet Didier, brigadier des fermes du Roi au poste de Savigny.

1728 4 octobre Pourain Claude, employé aux fermes, poste de Savigny.

1728 Mussey-Mailleville, receveur dans les fermes de Sa Majesté.

1728 2 novembre Fort-François, brigadier commis dans les fermes du Roi.

1728 Thévenot Claude, employé aux fermes.

1731 10 janvier Nicolas Nicolas, employé aux fermes.

1732 20 septembre Calais Pierre, employé aux fermes.

1732 30 septembre Foresy Jean-Baptiste, brigadier des employés au poste de Savigny.

1732 10 février	Girardot Claude, employé au poste de Savigny.
1759 13 août	Gamotte Claude-François, employé au poste de Savigny et du département de Coublanc.
1759 13 août	Parisot Louis, brigadier au poste de Savigny.
1759 13 août	Charles Nicolas, employé au poste de Savigny.
1759 13 août	Didier Pierre, employé au poste de Savigny.
1761 27 février	Décès de Didier Pierre. A l'acte, signature de nombreux employés.

De la nomenclature qui précède, on peut conclure que tous les employés étaient étrangers au pays, mais certains s'y fixèrent. L'un d'eux, le sieur de Champiedmont, écuyer, sans doute un seigneur ruiné, eût des écarts déplorables.

Vieilles familles

Pour plusieurs, il sera peut-être agréable de connaître la vieille bourgeoisie de Savigny, familles roturières, mais peut-être aussi riches que le seigneur, comme aussi de savoir quand, pour la première fois, leurs noms figurent comme habitants.

Il est, sans doute, un certain nombre de familles anciennes, dont les noms ont disparu, par suite d'alliances, et qui comptent encore bien des descendants par les femmes.

De temps immémorial, Savigny et Voncourt, quoique avec des intérêts distincts, ont toujours fusionné d'une manière toute intime ; ce qui va suivre concerne donc les deux communes. A noter aussi que toutes les recherches que comportent cet article, s'arrêtent à 1800 inclus ; tous les documents postérieurs se retrouveront facilement dans les archives de la mairie.

Les Bourgeois :

Dès 1600, les Larget habitaient Savigny. — 1620, les Lecuyer, Ogier, Goriot. — 1621, Blanchard. — 1622, Gudy. — 1646, Demongeot. — 1675, Grisot. — 1680, Rémongin. — 1709, Marion. — 1725, Roy. — 1774, Bacquet.

Toutes ces familles s'unirent par des mariages fréquents qui cumulèrent leur fortune. Rappelons quelques unes de ces unions :

1622, Gudy — Ogier. — 1626, Larget — Barbier. — 1727, Larget — Grisot. — 1646, Demongeot — Ogier. — 1668, Blanchard — Grisot. — 1680, Remongin — Larget. — 1709, Marion — Goriot. — 1725, Roy — Gudy. — 1774, Bacquet — Larget. — 1792, Marion — Hologne. — 1800, Lécuyer — Bacquet.

Familles anciennes et importantes autres que les précédentes, laissant au pays une descendance encore existante et Familles plus récentes existant encore :

1621, Les Rossel ou Roussel, Labrune. — 1622, Dhotel et Chalochet. — 1624. Duvernoy, Jeannot, Poissenot, Doribel. 1647, Morel à Farincourt. - 1648, Charlot, Moisson, Mignot, écrit souvent Minot. — 1649, Bouchard, Boisselier. — 1659, Larmier. — 1662, Andriot. — 1668, Ménétrier, Chantôme. — 1669, Fournier (plus tard probablement Chaufournier). — 1671, Rousselot. — 1675, Grisot, Remy. — 1681, Poinsot, Aubriot. — 1712, Morisot. — 1713, Morel. — 1721, Ferrand, Quentin, Marion (la souche des Morel, Guyon, etc.). — 1726, Colas. — 1727, Maret. — 1731, Braconnier. — 1732, Péchiné. — 1734, Mortel. — 1735, Mille. — 1742, Symon, Bournot. — 1753, Guyoton. — 1756, Guyon. — 1773, Bouguet. — 1775, Nicolas. — 1780, Aubry. — 1781, Pernot. — 1786, Baudot. — 1791, Boudson. — 1793, Thomas.

Familles qui semblent avoir disparu du pays :

1621, Joly. — 1625, Formont. — 1683. Aignelot (plus tard Laignelot). Lapostollet (plus tard Postollet). Roberty.— 1727, Sirot. — 1742, Tiran, Cardinal. — 1767, Caubert, etc.

Familles dont les noms semblent à jamais perdus :

1619, Joliet, — 1620, Brahis, Radier. — 1621, Cossil, Reverdy, Delage, Conty. — 1622, Jourdin. — 1623, Boillot. Carbeil. — 1626, Vautrin, Toflet. — 1627, Houry, Bols, Brachet ... et depuis : Broné, Fournyot, Séjournant, Ramelet, Cornibert, Guenon, etc., etc.

La population de Savigny et Voncourt, sauf la période actuelle, ne semble pas avoir sensiblement changé depuis des siècles ; cependant la guerre de Franche-Comté avait enlevé beaucoup d'habitants au pays ; peu à peu cette population s'est renouvelée.

On avait à enregistrer annuellement beaucoup de baptêmes, de 15 à 20 pour la paroisse ; mais par contre de fréquentes épidémies enlevaient parfois presque toute l'enfance. Prenons au hasard : en 1676, sur 16 décès, meurent 10 enfants au dessous de dix ans. En 1679, sur 11 décès, 6 enfants. En 1681, 14 décès, 9 enfants. En 1682, 20 décès, 14 enfants. En 1689, 18 décès, 16 enfants. En 1696, 10 décès, 10 enfants.

A d'autres époques les décès d'enfants sont dans une proportion analogue.

Les mariages en 1789, étaient toujours précédés des fiançailles : cette cérémonie consacrait par une bénédiction spéciale, un serment provisoire entre les futurs époux, (cela ressemble beaucoup à la réunion qu'on appelle Promesses).

Bien souvent le dimanche était choisi de préférence pour jour de mariage. Le 15 janvier 1704 (un dimanche), on célébra à Savigny cinq mariages. Cette cérémonie du mariage avait autrefois des pratiques bien touchantes qui ont disparu avec le temps, mais dont les vieilles grand'mères ont certainement gardé le souvenir. Rappelons celui-ci : le privilège spécial de la demoiselle d'honneur était de porter bénir les draps qui devaient servir au premier lit nuptial ; ils étaient pieusement conservés, quand la chose était possible, pour servir de linceul à chacun des deux époux.

A noter encore cette coutume. Le jour de leur mariage, les jeunes époux plantaient une noix ou un jeune plant; cet arbre devait à tout jamais perpétuer le jour de leur union à leurs descendants, etc., etc.

Relevons cette dispense : en 1756, mariage d'Aubert et de Catherine Roy (la tante du comte Roy). Dispense de 2 bans et de 24 heures.

Quelque fois les veuvages étaient très courts; c'était probablement la conséquence forcée de situations malheu reuses commandant une prompte solution.

Entre bien des cas, citons ceux-ci : Charles, recteur d'école, devenu veuf le 10 octobre 1694, se remarie le 7 novembre de la même année ; Anne Simon, veuve de Pierre Rousselot, se remarie à Aubry, le 21 juin 1779, après 5 mois de veuvage seulement.

Centenaires de Savigny

1624	2 mars	Mme d'Orologe, meurt âgée de 107 ans.
1680	22 février	Blanchard Denys, marchand, meurt âgé de 104 ans.
1683	1er septembre	Demongeot Humbert, praticien, meurt âgé de 100 ans.
1722	2 mai	Charlot Jean, charron, meurt âgé de 100 ans.
1727	27 février	Aubriot Clément, meurt âgé de 100 ans.

Relevons certains faits intéressants touchant les familles citées plus haut.

1734, 14 janvier. — Mariage d'André Mortel avec Marie Auvigne, veuve Nicolas Morel. Les garçons de Tornay font opposition au dit mariage ; car ils voudraient qu'au préalable André Mortel ait subi le sort de la milice. Opposition déclarée non recevable par Maître Girard de Chambrulard, official, vicaire général.

An 4, 13 thermidor, (31 juillet 1796). — Acte constant le décès d'Antoine Boudson (dit Manuel) garde-champêtre de Savigny, « ......trouvé mort de mort violente et assassiné, commis sur sa personne d'un coup de fusil ou autres instruments, et ce au bois de Layer, tirant à Savigny, de la commune de Pressigny...... »

Bien longtemps au pays on a parlé du chêne « Manuel », et du petit chien noir.

Famille Roy

Beaucoup d'auteurs érudits ont étudié l'histoire de cette famille, mais presque tous commencent à la naissance du comte Roy, s'attachant surtout à la fortune de cette puissance financière, de ce grand mendiant de France. A une certaine époque, on appelait les quatre plus riches propriétaires de France, et M. Roy était du nombre, les quatre plus grands mendiants. (Histoire de France d'Anquetil).

Très probablement, aucun de ces auteurs ne connaît les ancêtres de M. Roy ; ils ont cependant leur importance :

1° Roy Sébastien, conseiller du Roi, président au grenier à sel de Montchausson.

2° Roy Didier, avocat au parlement et procureur du Roi au grenier à sel de Saulle-Ducy. Il épousa Agnès Gudy, d'une des familles anciennes les mieux posées de Savigny. De ce mariage naquirent sept enfants, trois fils et quatre filles, et il ne serait pas étonnant qu'ils aient eu d'autres enfants pendant leur absence du pays ; certains actes l'attesteraient. Tous ces enfants paraissent avoir vécu, sauf une fille, Anne Roy, décédée le 25 février 1754. Cette fille à l'âge de vingt ans, ayant commis une faute de jeunesse, fut abandonnée des siens, et la matrone de Savigny, chez qui elle s'était retirée, fut la marraine de son fils, Jean Roy, qui ne vécut que 16 jours.

3° Roy Charles, né à Savigny, le 22 avril 1735, bourgeois, épouse, le 11 avril 1763, Claudette Grisot ; de ce mariage, deux fils et deux filles. Il paraît que M. Charles Roy était très intelligent et très économe ; on rapporte que pendant un mois, on servit sur sa table la même pinte de vin ; tout arrivant pouvait croire qu'il ne buvait pas que de l'eau. Sa maison appartint ensuite à la famille Pougeux ; c'est aujourd'hui celle de la famille Pallérion-Mignot, Il fut amodiateur de la seigneurerie de Pressigny et habita le château du marquis de St-Symon. La seule coupe des bois payait son canon ; tout le reste était bénéfice.

4° M. le Comte Roy, né à Savigny le 5 mai 1764, Pair de France, Chevalier du St-Esprit, plusieurs fois ministre. Souvenirs recueillis à Savigny : M. Roy, reçu avocat, partit pour Paris, aidé par M. l'abbé Aillet, curé de Savigny. Il devint intendant de la maison de Bouillon ; celle-ci lui aurait cédé une partie de ses biens à fonds perdus. Il épousa une femme assez laide qui possédait, dit-on, toute une rue à Paris. Pendant le premier empire, il loua pour dix ans, en Normandie, les forêts de l'Etat ; dans ce domaine était le château de Navarre, près d'Evreux. Napoléon Ier voulut avoir ce château pour sa mère ; M. Roy refusa, mais, malgré lui il dut céder.

M. Roy reçut le titre de comte et fut nommé Pair de France, par ordonnance du 13 décembre 1821, sauf erreur. Il mourut en 1847. Voici l'article que lui a consacré M. l'abbé Briffaut, dans son histoire du canton de Fays-Billot :

M. Roy Antoine, né de parents peu fortunés, fit ses premières études au séminaire de Langres. Il fut reçu avocat au parlement de Paris en 1875 et débuta avec assez de distinction dans la carrière du barreau. Après la condamnation des fermiers généraux par le tribunal révolutionnaire il composa pour leurs veuves et leurs enfants plusieurs mémoires qui le firent connaître. Pendant la Révolution, il s'occupa d'entreprises et de spéculations. Fermier général des biens de la succession du duc de Bouillon, il fut bientôt assez riche pour acquérir une partie des biens dont elle était composée, notamment la magnifique forêt de Navarre..... Les achats et les reventes de biens nationaux, l'acquisition des réclamations qu'avaient à former les émigrés rentrés en France accrurent sa fortune. Quoique M. Roy ait été trois fois au ministère, on ne peut le considérer comme un homme politique. Toutes les opinions qu'il a émises à la tribune avaient pour objet l'administration financière. Il la connaissait parfaitement et apportait dans ses bureaux la surveillance et l'exactitude avec lesquelles il était habitué à gérer son immense fortune. Il mourut à Paris en avril 1847; ses deux filles, Mmes la comtesse de la Riboisière et la marquise de Talhouet, recueillirent son héritage. » (Louis XVIII lui avait donné des domaines d'une valeur de trois millions à titre d'indemnité pour les pertes qu'il avait éprouvées sous l'Empire). (L'abbé BRIFFAUT).

VONCOURT

Bien chers amis de Voncourt,

Vous savez tous combien fut toujours intime la vie de nos deux villages, dans la prospérité comme dans l'adversité. Vraiment nous ne faisons qu'un, les archives de Savigny jusqu'à la grande Révolution vous intéressent aussi directement que nous.

Je regrette de moins connaitre les coutumes et les souvenirs de Voncourt, je les aurais exposés avec non moins de dévouement. Qu'il me suffise de vous rappeler que votre château fort fut une des rares places de guerre sur la frontière épargnée par Richelieu. Ce château avait sa chapelle seigneuriale, ses fossés remplis d'eau; tout cela a disparu, surtout depuis le siècle dernier. Quant aux légendes faites par les badauds : Mme de Voncourt et les grenouilles, seigneur tirant indistinctement sur couvreurs et pigeons. Des preuves d'abord ! Nous croirons ensuite.

Mais voici les charges seigneuriales qui, autrefois, incombaient à vos pères.

***

Au commencement du XVIe siècle, ce village appartenait à la maison de Montarby. En 1523, on y comptait vingt et un chefs de famille et quatre veuves. Voici un acte daté de cette année-là et qui nous apprend quelles étaient alors les redevances des habitants envers leurs seigneurs :

« L'an 1533, le 6 du mois d'octobre, par devant moi, Claude Durand, notaire tabellion, juré en cour royale, demeurant à Bussières, commissaire député de Monseigneur le bailly de

Sens ou son lieutenant pour mettre à exécution certaines lettres royaux en forme de terrier, en ce qui est au bailliage de Sens, impétrées par Henry de Montarby, écuyer, seigneur de Voncourt et de Montz... se sont comparus devant moi les dits habitants et les forains parmi lesquels noble et vénérable personne, Maître Robert, chanoine de Langres et curé de Gilley, représenté par discrète personne messire Pierre Blondel, son vicaire audit lieu, noble et discrète personne Claude Besançon, curé de Savigny, représenté par messire Nicolas Gay, son vicaire.

Et premièrement ont confessé lesdits habitants et forains leurs héritages non censables, étant au finage du dit Voncours, être chargés et redevables envers le dit seigneur impétrant et ses successeurs chaque an et perpétuellement au jour de S. Michel archange et de... à savoir ; chaque journal de terre arable de deux sols tournois, les châts de maison de deux sols six deniers tournois; la fauchée de pré de trois sols tournois ; un emplastre pour édifier un chât de maison, quinze deniers tournois. Et là où les dits habitants ne paieront aux dits jours est loisible au dit seigneur et ses serviteurs et commis de faire barrer et arrêter leurs bêtes jusqu'à entière solution et paiement des sommes par eux dues de leurs héritages, à peine de soixantes sols tournois d'amende.

Item plus ont confessé les dits habitants et forains labourant au dit finage, être tenus et redevables envers le dit seigneur de faire chaque an trois corvées et journées de charrues; à savoir, l'une en la Carême, l'autre au sombre et l'autre en vain au semer. Et prendre, quand bon semblera au dit seigneur de Voncourt, pour chacune corvée et journée deux sols six deniers tournois au choix du dit seigneur. Et ceux qui n'ont charrue ou bêtes labourant doivent et sont tenus de faire chacun an trois corvées de bras ès fenaison et moisson, ou pour chacune journée dix deniers tournois au choix du dit seigneur.

Item plus ont confessé être tenus et redevables, les dits habitants et forains tevant héritage au dit finage du dit Voncourt envers le dit seigneur, de faire tous les ans une journée et corvée de faulx en fenaison ou pour chacune journée six blancs au choix du seigneur.

Item plus ont confessé les dits habitants être sujets et tenus au guet, garde et réparation du chateau du dit Voncourt et... selon la coutume du passé.

Item plus ont confessé les dits habitants être sujets et tenus de moudre toutes graines au moulin banal du dit seigneur de Voncourt en payant la coupe et mouture accoutumées. Et là où ils seraient trouvés avoir fait le contraire, seront amendables de soixante sols tournois envers le dit seigneur, et sera confisquée la graine, s'il n'y a cause ou légitime excuse.

Item plus ont confessé les dits habitants sujets redevables et tenus de cuire leur pain, fouasse et flans au four banal du dit seigneur ou à ses administrateurs et fermiers, de seize à dix-huit pains..... et davantage pour le jour de Noël, paieront de chaque fournée quatre pains sous peine de soixante sols tournois d'amende.

Item plus ont confessé les dits habitants ne pouvoir vendre du vin au détail audit Voncourt depuis le jour de Noël jusqu'à la Chandeleur, sans payer le droit de banvin appartenant au dit seigneur.

Item plus ont confessé les dits habitants être tenus et sujets de passer toutes lettres d'héritages, traîtés et autres communautés sous le tabellionnage dudit seigneur de Voncourt et ceux ainsi passés, sont tenus de les lever du tabellionnage et faire sceller du scel du dit seigneur devant quarante jours après la réception d'iceux et de passer et faire enregistrer leurs dites lettres devant huit jours après le marché fait, et en avertir le dit seigneur ou tabellion à peine de soixante sols tournois d'amende.

Item plus ont confessé les dits habitants être sujets, redevables et tenus de payer au dit seigneur lots et ventes, à savoir pour chacune livre des héritages qu'ils vendront et qui seront censables, trois sols quatre deniers tournois, et davantage que des maisons qu'ils vendront, seront et sont tenus de payer par dessus les dits lots et ventes, une pièce de toile de 24 aulnes et là où il n'y aurait que demie-maison ne paieront qu'une demie-pièce, etc.

Item plus ont confessé les dits habitants et forains tenant héritages au dit Voncourt, être sujets et tenus de vendanger les vignes du domaine au dit seigneur du dit Voncourt, et d'y mettre gens suffisants pour ce faire, et pour chacun défaillant payer trois sols tournois.

Item plus ont confessé les dits habitants ne pouvoir presser leurs vendanges ailleurs qu'au treisil ou pressoir banal du dit seigneur de Voncourt, à peine de l'amende de 60 sols.

Item plus ont confessé les forains labourant vignes au dit Voncourt qu'ils ne peuvent emmener leurs vendanges hors le dit Voncourt sans appointer au dit seigneur pour le passage ou treillage de leurs vendanges au treisil ou pressoir banal du dit seigneur à peine de soixante sols d'amende.

Item plus ont confessé les dits habitants que le dit seigneur de Montarby impétrant est seigneur du dit Voncourt et a haute, moyenne et basse justice sur tous les habitants, résidant au dit Voncourt, et puissance d'amender à son profit. Ses officiers ont pouvoir de connaître de toutes causes criminelles et civiles et a le dit seigneur, signe patibulaire au finage du dit Voncourt. Il a un château et maison fort, environnés de fossés, fermant à pont levis, ensemble plusieurs jardins, meix et garennes, avec une basse cour où est assis un colombier de pierre, où sont un treisil et une grange de trois châtz, etc., etc. (L'Abbé Briffaut).

Rappelons que notre vieille cloche, baptisée en 1600, avait pour parrain C. A. de Montarby, seigneur de Voncourt. Cette famille doit encore exister, et des descendants habitaient encore en 1875 non loin de Neuilly-l'Evêque

*
* *

En 16'8, la seigneurie de Voncourt était possédée par Jean de Choiseul, baron de Francières et de Meuvy, gouverneur de Langres, lequel mourut en cette ville le 11 mai 1630.

A l'époque de la guerre de Franche-Comté, l'on mit au château de Voncourt une garnison commandée par Ducerf, capitaine Langrois. Au mois de juin 1639, il alla avec le marquis de Francières, gouverneur de Langres, et les sieurs de Genevrières et de Montarby, guerroyer au comté de Bourgogne. et il contribua à la prise de Montreuil-sur-Saône. En 1643, il fit une sortie contre les ennemis, qui s'emparèrent de sa personne et le conduisirent en prison à Gray.

La seigneurie passa dans la main des Girault. Jean Girault qui avait une sœur mariée à Guillaume de Montarby, seigneur de Voncourt et de Changey, écuyer, l'obtint soit par héritage soit par acquisition. Il eut de sa femme Claudette de Maignien, un fils, nommé François, qui était en 1618, écuyer et seigneur de Voncourt. Il épousa Jacquette Piot, qui lui donna plusieurs enfants, entre autres, François, Marguerite et Anne.

1° François eût une partie de la seigneurie de Voncourt.

Il était écuyer, chevalier de S. Louis et capitaine de cavalerie au régiment Dauphin. Il mourut en 1720 et fut inhumé au chœur de l'église de Savigny, dans le tombeau de ses ancêtres.

2° Marguerite fut mariée à Thomas Petit, écuyer, qui devint ainsi seigneur en partie de Voncourt. Ils laissèrent leurs biens à leur fils Thomas, écuyer, capitaine au régiment de Champagne, marié à Mlle Marie-Marguerite d'Hemery. Celui-ci eût pour héritiers ses enfants, Thomas-Bernard, aussi écuyer et lieutenant au même régiment; Marguerite-Françoise et Anne qu'on appelait les Mademoiselles de Voncourt.

3° Anne Girault épousa Jérôme Véron. De ce mariage naquirent Etienne, seigneur de Voncourt, lieutenant de cavalerie dans le régiment de Vaudrey; Simon-Marie, écuyer, seigneur de Savigny, lieutenant de cavalerie au régiment Dauphin; Jean-Jérôme, écuyer, etc.

***

En 1737, M. Thomas Petit fit avec les habitants de Voncourt une transaction par laquelle il les déchargea à perpétuité du droit de guet et de garde au château de ce lieu et des réparations, pour lesquelles chacun d'eux avait été jusqu'alors obligé de payer annuellement quinze sous au seigneur.

Dans l'acte de partage de la terre de Voncourt entre les enfants de M. Thomas Petit et de dame Marguerite d'Hémery, fait le 10 mai 1765, on lit : « Le château, enclos et dépendances, suivant la coutume, appartiendront au dit Thomas-Bernard Petit, par préciput ou droit d'ainesse. Puis trois lots furent faits ensuite avec égalité et tirés aux sort. La justice sera rendue à frais communs. Les officiers de justice ne pourront être institués ou destitués que d'un commun consentement. » L'année suivante on nomma un nouveau juge à Voncourt, par un acte conçu en ces termes :

« Nous, Marie-Marguerite d'Emery, veuve douairière de feu messire Thomas Petit, chevalier et seigneur de Voncourt et autres lieux et en cette qualité usufruitière de cette terre, Françoise-Marguerite Petit et Anne Petit, filles et héritières dudit feu Thomas Petit, ayant en cette qualité la propriété des droits de haute, moyenne et basse justice dans la terre de Voncourt, étant bien informée des vie, mœurs et âge, religion catholique, apostolique et romaine de sieur

Pierre Douette, notaire royal demeurant à Fouvent-le-Chatel, juge de Gilley et Fouvent-le-Prieuré, et de son expérience au fait de la pratique, l'avons par ces présentes nommé et institué, nommant et instituant notre juge, dans l'étendue de notre dite terre de Voncourt, pour lui en faire les fonctions, aux honneurs, fruits, profits et émoluments attribués au dit office, à la charge par lui de se conformer aux ordonnances de la Cour. Mandons à nos justiciables de le reconnaître en la dite qualité de juge, de lui porter les honneurs tels qu'ils le doivent à nos officiers.

En foi de quoi nous sommes soussignés et avons fait apposer à la présente le cachet de nos armes.

Fait et donné en notre hôtel de Langres aujourd'hui 20 juin 1766. »

La terre passa ensuite par acquisition à M. Billerey, qui prit le titre de seigneur de Voncourt.

TABLE

PREMIERE PARTIE

Pages

DEUXIÈME PARTIE

Indication des sources historiques

Histoire de France. — P. Anquetil.

Histoire de France, contée à mes petits-enfants, par Guizot, continuée par Mme de Witt, née Guizot, 7 volumes.

Les deux Frances. — Histoire d'un siècle, par M. de Lescure.

Histoire de la Monarchie française, par Moustalon et C. de Méry, 6 volumes.

Manuels d'Histoire universelle. — Drioux, Gabourd.

Archives communales.

Titres particuliers de Famille.

Diderot. — Encyclopédie.

Mémoires historiques de la Province de Champagne, édition 1721, par B. Augier, conseiller du Roi, etc., tome 2.

Annuaires du département de la Haute-Marne 1808 et 1811.

Le Diocèse de Langres, par Roussel.

Histoire des Evêques de Langres, par l'abbé Mathieu.

Géographie de la Haute-Marne, par Carnandet.

Précis de l'Histoire de Langres, par Migneret.

Siège de Dole et son heureuse délivrance, par Boyvin.

Journal de Clément Macheret, curé d'Hortes.

Histoire de Fayl-Billot, par Briffaut.

Histoire de Jonvelle, par Coudriet et Chatelet.

Histoire de Soyers, par Foissey.

Histoire de la Vallée de l'Amance, par Briffaut et Mulson.

Histoire de l'Abbaye de Morimond, par Dubois.

Histoire d'Auvergne, par Ambroise Tardieu.

Dictionnaire historique et géograhique, par Bouillet.

etc., etc.

www.ingramcontent.com/pod-product-compliance
Ingram Content Group UK Ltd.
Pitfield, Milton Keynes, MK11 3LW, UK
UKHW020328230726
13925UKWH00002B/690

9 782019 235024